韩 潇 ◎ 主编

张晓原　潘慧智　于 斌 ◎ 副主编

智慧体育
SMART SPORTS

清华大学出版社

北京

内 容 简 介

本书汲取了近年来智慧体育发展的新理念、新技术、新方案等方面的知识，结合国内外体育运动蓬勃发展的实践，参考借鉴诸多学者的相关研究，对智慧体育的基础理念、建设内容及未来发展进行了系统的梳理。

全书以智慧体育为对象，对智慧体育的诞生背景、概念定义、实现路径、创新模式、发展前景等内容进行较为深入的探究。综合国内外研究成果，对智慧体育的概念给出定义，并搭建总体架构；从智慧体育场馆出发，对体育运动基础载体的转型升级进行详细介绍；聚焦方案创新，对智慧体育赛事、智慧体育教育、智慧全民健身、"体育+"跨业融合等新实践进行具体分析；并从困境突破方向及未来发展新趋势两方面入手，对智慧体育发展前景进行展望。

本书关注前沿热点问题，结构完整，体系清晰，集科学性、实用性、时效性为一体。本书理论科学严谨，案例典型，注重理论和实践相结合。本书可作为智慧体育的科普读物，或智慧体育、智慧城市相关课程的参考书，也可为从事智慧体育研究、规划、建设等工作的人员提供参考。

本书封面贴有清华大学出版社防伪标签，无标签者不得销售。
版权所有，侵权必究。举报：010-62782989，beiqinquan@tup.tsinghua.edu.cn。

图书在版编目（CIP）数据

智慧体育/韩潇主编.—北京：清华大学出版社，2019（2024.8重印）
 ISBN 978-7-302-51833-4

Ⅰ.①智… Ⅱ.①韩… Ⅲ.①体育产业－研究 Ⅳ.①G811

中国版本图书馆 CIP 数据核字（2018）第 284316 号

责任编辑：闫红梅　张爱华
封面设计：常雪影
责任校对：胡伟民
责任印制：杨　艳

出版发行：清华大学出版社
　　　　网　　址：https://www.tup.com.cn，https://www.wqxuetang.com
　　　　地　　址：北京清华大学学研大厦 A 座　　邮　编：100084
　　　　社 总 机：010-83470000　　　　　　　　　　邮　购：010-62786544
　　　　投稿与读者服务：010-62776969，c-service@tup.tsinghua.edu.cn
　　　　质量反馈：010-62772015，zhiliang@tup.tsinghua.edu.cn
　　　　课件下载：https://www.tup.com.cn，010-83470236
印 装 者：北京同文印刷有限责任公司
经　　销：全国新华书店
开　　本：170mm×230mm　　印　张：12.75　　字　数：235 千字
版　　次：2019 年 5 月第 1 版　　　　　　　　　　印　次：2024 年 8 月第 7 次印刷
印　　数：5501～6000
定　　价：58.00 元

产品编号：081304-01

编委会名单

主　编：韩　潇

副主编：张晓原　潘慧智　于　斌

编　委（按姓氏笔画顺序排名）：

丁　冬　　王　资　　王　琳　　王小明　　水克荣

叶健宁　　朱星华　　刘　露　　李　珎　　李　新

李桂华　　何灌昌　　汪　鑫　　汪卫东　　张立科

张芝雨　　张菊芳　　欧阳波　　罗雪娟　　郑苏杭

赵云华　　陶　燕　　崔广非　　游　昊　　潘东晓

1. 背景与理念

2018年7月10日至12日,在工业和信息化部、国家互联网信息办公室等部门指导,中国互联网协会主办的2018(第十七届)中国互联网大会上,"智慧体育"再次成为讨论的焦点。事实上,随着《国务院关于加快发展体育产业 促进体育消费的若干意见》(国发〔2014〕46号文件)、《健康中国2030规划纲要》《全民健身计划(2016—2020年)》等利好政策的相继出台,国民运动需求与体育消费潜能被不断激发。"智慧体育"这一体育转型升级的最新产物,俨然成为体育发展道路上最热门的课题。

智慧体育作为一种体育新形态的出现,必然带来诸多层面的思考与讨论。智慧体育诞生于怎样的背景?其诞生是哪些因素联合作用的结果?什么是智慧体育?其与传统体育有何不同?如何建设智慧体育?智慧体育拥有哪些创新成果?智慧体育为体育事业及人民生产生活带来怎样的改变?智慧体育的未来将何去何从?显然,这一系列问题都已成为当今体育研究领域专家、学者乃至普通体育运动参与者最为关注的内容。

什么是智慧体育?本书认为,智慧体育是物联网、云计算、大数据等新一代信息技术应用于体育领域的最新成果,是整合教育、医疗、旅游、文化等"体育+"资源的系统性工程,通过构建数字化、网络化、智能化的运动空间、运动模式、运动生态,全面提升体育服务质量,推进体育产业转型升级,以更迅速、灵活、正确地响应人们更具个性化、多元化的体育需求。同时,智慧体育不仅是一种理念、构想,更是体育事业变革发展实践进程的具象行动,尤其在技术发展日新月异、技术融合日趋常态化的今天,建设智慧体育变得更加实际与明晰。

可以看到,智慧体育场馆、智慧体育平台等智慧化体育基础设施建设正加速推进,智能跑步机、智能球拍、智能手环等一系列智慧运动设备已投入应用。技术变革使体育参与、观赏方式均发生巨大转变，在为用户提供更多样、便捷、高质量的体育参与选择的同时，为体育产业发展创造了更多商业机遇。用户意识的觉醒，使用户在更倾向于接纳体育生活方式的同时，对体育运动的需求更加多样，推动智慧体育新产品、新服务的出现。可以看到，体育旅游、体育金融等一系列新概念陆续出现并迅速发展，定制化、专业化的体育决策建议及产品服务供给日趋便利，兼具高质量、广泛性的全民健身运动深入发展。智慧体育已然走进我们每个人的生活。

2. 本书编排

本书遵循新理念探究的一般性逻辑，按照智慧体育理念解析、建设探索、未来展望的基本思路进行编排，汲取当下智慧体育建设发展驱动力量、基础理念、现实需求、实践经验等内容，共分为 4 篇 14 章。

1) 第一篇　理念解析

本篇包括第 1~3 章。本篇对智慧体育的诞生背景、影响因素、概念定义、实现路径、建设运营等基础理论进行系统介绍，重点在于尝试搭架智慧体育完整架构，并模拟智慧体育立体化生态系统，探寻智慧体育的建设之路。

2) 第二篇　智慧体育应用之运动场所

本篇包括第 4~8 章。场馆的智慧化是体育智慧化的入口，更是所有赛事及内容生产的重要载体，是智慧体育生态的重要组成部分，在促进竞技体育、大众体育以及智慧体育产业的快速发展中发挥了重要的基础性作用。本篇从智慧体育场馆入手，采用理论与实际相结合的方式，对智慧体育公园、智慧体育小镇、智慧体育综合体、智慧体育平台 4 大运动场所的智慧化应用进行详细介绍。

3) 第三篇　智慧体育之实践应用

本篇包括第 9~12 章。本篇重点选取智慧体育赛事、智慧体育教育、智慧全民健身、"体育＋"跨业融合 4 大重点创新实践，对智慧体育新模式、新产品、新服务进行详细介绍，结合实际案例，剖析创新的基本特征及其遵循的逻辑。

4) 第四篇　愿景展望

本篇包括第 13、14 章。本篇结合智慧体育最前沿的理论和实践，从困境突破方向及未来发展趋势两方面入手，对智慧体育发展前景进行展望。本篇认为，智慧体育发展之路固然任重而道远，但是未来可期。

本书在编写的过程中，得到杭州动享互联网技术有限公司的大力支持，是公司在智慧体育建设分领域中理论与实践积淀的产物。本书参考了大量智慧体育、智慧城市领域相关书籍、论文、政策文件和网络信息等，对当前智慧体育的前沿理念和内容进行了较为详尽的阐述，希望能够使读者对智慧体育有一个比较深刻的认识和理解，为我国智慧体育事业尽绵薄之力。

3. 写作特色

本书融合体育产业经济理论、智慧城市理论等理论成果，对智慧体育概念进行创新性的定义，并搭建基础体系，选取部分具有代表性的智慧体育实践作为案例进行重点剖析，以期全面而细致地呈现智慧体育建设状况，探寻智慧体育发展规律，预测智慧体育未来趋势，并为对智慧体育感兴趣的读者提供参考。

- 热点聚焦：契合当下体育产业、智慧城市建设发展需求，为体育旅游、智慧体育赛事等创新热点添彩。
- 框架清晰：全书共分为4篇14章，每篇彼此独立，主题上各有侧重又相互关联，对智慧体育发展建设进行系统呈现。
- 内容新颖：本书围绕智慧体育这一体育转型升级的最新成果展开，结合智慧体育最前沿的理论和实践成果，涵盖最新、最时尚的体育产品、服务及模式，既具有时效性，又具有前瞻性。
- 立意深刻：本书通过介绍智慧体育发展背景、架构搭建、实践创新、未来发展等内容，帮助读者快速了解智慧体育。同时，通过一系列的理论与实践，证明智慧体育必将成为并且已经成为体育事业发展的重要方向。

4. 致谢

本书在编写的过程中，参考并借鉴了部分专家学者在智慧体育领域的理论研究成果，汲取了大量的行业前沿观点，并汲取部分政策文件、研究报告以及网络媒体报道对智慧体育、智慧城市、体育产业、城市大脑等与智慧体育相关联内容的见解；同时，还汲取了国内外智慧体育建设领域的部分典型案例，用于理论分析与实践展示，使得本书更加完善。此外，本书的筹划、编撰和出版得到了国家体育总局和清华大学出版社的大力支持，在此表示衷心感谢，并特别感谢国家发展和改革委员会副秘书长任志武，国家体育总局棋牌运动管理中心副主任、中国桥牌协会秘书长郭玉军，国家体育总局体育信息中心综合业务部部长张立,国家体育总局群众体育司公共服务处处长赵爱国,国家体育总局体育信息中心运动会技术管理部副部长程秀栋,天行健全民共享健身网工作组组长王辉,以及浙江省人民政府副秘书长蔡晓春,贵州省体育局局长吴涛,杭州市教育局局长沈建平,杭州市科学技术局局长阳作军,沈阳市体育局局长关蓉晖,杭州市体育局法规产业处处长陆穗,浙江大学教育学院教授及博士生导师郑芳,杭州市羽毛球协会秘书长李向等各级领导、专家为本书编写提供的指导和帮助!

  智慧体育是体育领域的全新理念与实践的成果,概念新颖,涉及的学科和专业领域十分广泛,其理论与建设随着体育的发展而不断进步、完善和更新。本书内容力求紧随时代、精益求精,但仍不可避免存在诸多不完善之处,恳请各位领导、专家、同行和读者批评指正,并提出宝贵意见。

编 者
2019 年 1 月

第一篇 理念解析

第1章 探索体育转型之路 … 3

1.1 发展基础与形势解读 … 3
- 1.1.1 前进源泉：体育的多元价值 … 3
- 1.1.2 现状概览：繁荣与困境并存 … 5
- 1.1.3 瓶颈突破：向智慧体育迈进 … 8

1.2 多要素驱动体育变革 … 9
- 1.2.1 积极政策打破转型枷锁 … 9
- 1.2.2 技术进步激发创新活力 … 11
- 1.2.3 消费升级引爆发展拐点 … 12

1.3 智慧体育与智慧城市 … 13
- 1.3.1 智慧城市的体育实践 … 14
- 1.3.2 让城市"动"起来 … 15
- 1.3.3 为城市装上体育大脑 … 17

第2章 解读智慧体育内涵 … 19

2.1 什么是智慧体育 … 19
- 2.1.1 概念界定 … 19
- 2.1.2 特征剖析 … 21

2.2 如何建设智慧体育 … 23

2.2.1　总体架构搭建 ··· 24
　　2.2.2　智慧体育大脑 ··· 27

第3章　揭秘智慧体育生态 ·· 30

3.1　传统体育生态解构 ·· 30
　　3.1.1　传统次序链式生态 ··· 30
　　3.1.2　先天不足与外来冲击 ··· 34
　　3.1.3　体育生态的解构与重构 ··· 36
3.2　智慧体育生态构建 ·· 40
　　3.2.1　体育产业链整合 ··· 41
　　3.2.2　体育产业集聚 ··· 44
　　3.2.3　体育产业融合 ··· 46

第二篇　智慧体育应用之运动场所

第4章　智慧体育场馆 ·· 53

4.1　体育场馆3.0时代 ·· 53
4.2　走进智慧体育场馆 ·· 54
　　4.2.1　智慧体育场馆概念 ··· 54
　　4.2.2　智慧体育场馆特点 ··· 55
4.3　智慧体育场馆实践——以杭州市职工文化中心为例 ··································· 58

第5章　智慧体育公园 ·· 61

5.1　体育运动融入城市生活 ·· 61
　　5.1.1　体育生态化发展趋势 ··· 61
　　5.1.2　科学、免费的"健身房" ··· 62
5.2　智慧体育公园概述 ·· 63
　　5.2.1　各国体育公园发展概况 ··· 63
　　5.2.2　智慧体育公园内涵和特性 ··· 64
　　5.2.3　未来发展的方向与趋势 ··· 67

5.3 智慧体育公园实践——以南京溧水智能体育公园为例 ·············· 68

第6章 智慧体育小镇 ·· 71

6.1 再造运动空间 ·· 71
  6.1.1 智慧体育小镇提出背景 ·· 71
  6.1.2 智慧体育小镇发展契机 ·· 72

6.2 建设智慧体育小镇 ·· 75
  6.2.1 智慧体育小镇内涵及意义 ······································ 76
  6.2.2 智慧体育小镇的几种类型 ······································ 77
  6.2.3 智慧体育小镇的建设路径 ······································ 79

6.3 智慧体育小镇实践——以重庆际华园体育温泉小镇为例 ·············· 81

第7章 智慧体育综合体 ··· 83

7.1 盘活体育资源新尝试 ··· 83

7.2 打造智慧体育综合体 ··· 84
  7.2.1 智慧体育综合体内涵 ·· 84
  7.2.2 智慧体育综合体功能 ·· 85
  7.2.3 智慧体育综合体模式 ·· 88

7.3 智慧体育综合体实践——以华熙LIVE·五棵松为例 ················ 89

第8章 智慧体育平台 ·· 92

8.1 运动空间的共享共建 ··· 92
  8.1.1 体育平台存在的问题 ·· 92
  8.1.2 智慧化平台建设意义 ·· 94

8.2 搭建智慧体育平台 ·· 96
  8.2.1 智慧体育平台的概念 ·· 97
  8.2.2 智慧体育平台类型 ··· 98
  8.2.3 行业发展案例集锦 ··· 99

8.3 智慧体育平台实践——以天行健网为例 ································ 101

第三篇 智慧体育之实践应用

第9章 智慧体育赛事 ········· 109

9.1 科技创造更好赛事体验 ········· 109
9.1.1 体育科技全方位升级 ········· 109
9.1.2 赛事传播全媒体时代 ········· 112

9.2 让赛事拥有智慧大脑 ········· 114
9.2.1 智慧赛事大脑整体架构 ········· 114
9.2.2 建设智慧亚运赛事系统 ········· 116

9.3 大型赛事IP尽显智慧 ········· 118
9.3.1 冬奥会：从平昌到北京 ········· 118
9.3.2 俄罗斯世界杯："黑科技"盛宴 ········· 120

第10章 智慧体育教育 ········· 123

10.1 体育教学新探索 ········· 123
10.1.1 学校体育教学发展困境 ········· 123
10.1.2 构建智慧体育教学模式 ········· 125

10.2 体育培训大转型 ········· 128
10.2.1 传统体育培训找痛点 ········· 128
10.2.2 智慧体育培训迎未来 ········· 130

10.3 体育慕课的兴起 ········· 133
10.3.1 体育慕课主体构成 ········· 133
10.3.2 体育慕课发展路径 ········· 134

第11章 智慧全民健身 ········· 136

11.1 基础建设"忙" ········· 136
11.1.1 健身步道：会呼吸的乐土 ········· 136
11.1.2 社区体育中心：让运动走入生活 ········· 138

11.2 全民运动"热" ········· 140

	11.2.1 马拉松"热"：小众运动普及化	140
	11.2.2 广场舞"热"：大众运动科学化	141
11.3	健身体验"新"	143
	11.3.1 乐刻运动：7×24 运动进行时	143
	11.3.2 Plogging：运动拯救地球	145

第12章 "体育+"跨业融合 …… 147

12.1	体育医疗	147
	12.1.1 做聪明的运动者	147
	12.1.2 使运动成为良医	149
12.2	体育旅游	150
	12.2.1 俄罗斯世界杯与旅游热	150
	12.2.2 法国沙木尼的"冰雪奇缘"	152
12.3	体育金融	154
	12.3.1 资本掘金体育风口	154
	12.3.2 场景推动运动变现	156

第四篇　愿景展望

第13章 任重道远的发展之路 …… 161

13.1	智慧体育"冷"思考	161
	13.1.1 人才困境	161
	13.1.2 参与困境	163
	13.1.3 规则困境	165
13.2	可能的突破路径	167
	13.2.1 聚焦用户需求	167
	13.2.2 发挥技术力量	169
	13.2.3 牢筑体育生态	171

第14章 智慧体育,未来可期 ... 173

14.1 新理念:无界体育 ... 173
14.1.1 体育全场景化 ... 173
14.1.2 体育全球化 ... 175

14.2 新目标:幸福体育 ... 177
14.2.1 让体育回归大众 ... 177
14.2.2 解码体育新生代 ... 179

14.3 新趋势:多元体育 ... 181
14.3.1 超越体育本身 ... 181
14.3.2 泛体育大时代 ... 184

参考文献 ... 186

第一篇 理念解析

随着"智慧地球"概念的提出,各大领域的智慧化逐渐成为一种潮流。智能跑步机、智能手环等智能硬件层出不穷,体育大数据平台、智慧体育大脑等建设也在不断深入。我们开始习惯运用手机 APP 预约场馆与教练,查看智能装备上的实时运动信息,参考运动能力评定应用提出的运动意见,并在社交圈中分享自己的每日运动动态……不知不觉中,智慧体育已经悄然进入每个人的生活。

然而,人们或许并不清楚什么是智慧体育,智慧体育因何形成,又如何形成。理念解析篇作为全书的开篇,尝试揭开智慧体育的神秘面纱,了解智慧体育的诞生渊源、内涵与定义及建设内容,探究智慧体育的前世今生。

探索体育转型之路

体育是一项以增强人的体质、促进人的全面发展为目的的身体教育活动,是一项提高生活质量、促进精神文明建设的社会文化活动,更是一项随人类经济社会发展而不断发展的产业活动。特别是在全球信息化的今天,在政策、技术、消费等多重因素的驱动下,体育产业已然向着智慧化的方向,跨入转型升级的快车道。

1.1 发展基础与形势解读

在探讨体育的智慧化转型之路前,首先应当对体育的概念进行明确。生命在于运动,体育是用运动的方式对身体进行教育的活动,其本质特点是以身体练习为手段,达到增强体质的效果。而随着体育自身的不断发展,及人们对于体育认识的不断深入,体育的内涵逐渐丰富。当代体育,已经成长为政治影响力、经济生产力、文化传播力、社会亲和力等多元价值的集合体,全方位地融入国家竞争战略、城市竞争战略中。

1.1.1 前进源泉:体育的多元价值

体育作为一项关乎生命之源的运动,其身体教育价值固然重要,但随着社会的进步,特别是商品经济的出现与发展,其在政治、经济、文化等领域所体现出的多元价值越来越显著,并且体育的多元价值逐渐成为支持体育不断前行、转型升级的重要源泉。

1. 体育是一种事业

体育是一项全民性的事业,其代表着青春、健康、活力,关乎人民幸福、民族未来,具有政治及社会价值。诸多国家将体育作为一项事业推进,增强国民体质,努力建设体育大国、体育强国。而将体育视为一种事业,就要坚持以人民为中心的思想,把人民作为发展体育事业的主体,把满足人民健身需求、促进人的全面发展作为体育工作的出发点和落脚点,落实全民健身国家战略,不断提高人民健康水平。由此,全民健身事业便被放在了体育事业的首要位置。

"一切体育为大众",将体育视为一种事业,强调的是体育运动的全民参与性。通过多类型的运动开发、多样化的媒介传播、多种类的设施建设等手段,使更多人参与到体育运动当中,享受体育带来的健康、快乐,让运动走入人们的日常生活。将体育视为一种事业,其实质是强调体育对国民健康的投资价值,以体育运动提升人的能力维度,加速人的能力积累。其所带来的不仅是个体体质的提升或个人素质的提升,更会产生外溢效应,使家庭受益、他人受益、社会受益。

2. 体育是一种文化

体育是一种追求公平、公正、卓越的文化,弘扬健康、向上、积极的力量。而竞技体育是体育文化价值的重要表现形式,提倡最大限度地挖掘人在体力、心理、智力等方面的潜力,攀登运动技术高峰,创造优异运动成绩,彰显拼搏奋进、团结高尚、激励人心的精神。正如现代奥林匹克运动所提倡的更快、更高、更强的精神,将体育视为一种文化,强调其突破自我、追求卓越的功能,体现凝聚力量、铸就梦想的价值。而随着社会的不断发展,体育也更加强调在人类共享公平、正义的行为规则下,进行极具观赏性的艺术创造,给人以一种既激烈、精彩又和谐、优美的感觉,充分彰显其文化价值。

3. 体育是一种产业

体育是一项前景十分广阔的朝阳产业,是"为社会公众提供体育产品与服务的活动,以及与此相关联活动的集合",在经济和社会发展中独具价值。将体育视为一种产业,最早可追溯到十六七世纪的英国,并伴随资本主义生产方式的形成及演化而逐步发展起来。而在技术革命及其引发的生产力飞速发展的背景下,体育产业逐步形成职业俱乐部制与联盟制两大运作模式,与资本市场的联系日渐紧密,在国民经济中的地位日益突出,基本可以实现财富创造与独立发展。特别是在21世纪,体育产业迸发出强劲的发展势头,在北美、西欧、日本等发达国家和地区,已进入所在国十大支柱产业的行列。

总体上讲,体育是一种在传统产业基础上不断激发新兴活力的具有战略性、创新性及规模效应的产业。从战略性层面讲,体育产业具有发酵效应,可以融合第一、二、三产业,提振国家经济潜力,带动其他产业高质量发展,为经济转型升级提供新的强大动力。同时,体育产业既是幸福产业,又是民生经济,其具有维护国民身心健康、提升社会劳动力质量的特殊价值,对满足人民对美好生活的需要具有独特的、不可替代的意义。从创新性层面讲,体育产业市场潜力巨大,辐射范围广,成长适应能力强,且逐步转型为知识、资本双集聚的高价值产业。同时,体育产业是有较强融合性的产业,其通过跨业融合和空间融合等多种形式,不断推进体育与其他要素的融合,催生诸多新的产品与经济业态。从规模效应层面讲,体育产业自身可以创造良好的经济效益及社会效益,且凭借广泛的联动性特征,带动诸多关联产业的发展,愈加彰显其为社会提供公共服务与产品的价值属性。

目前,大多数西方发达国家的体育的产业价值挖掘已相对成熟,甚至成长为本国产业结构中的支柱产业或主导产业。具体到我国,早在2000年体育产业在发展的初期就被冠以"朝阳产业"的希冀,但受制于宏观经济环境,其潜力尚未能充分挖掘与释放出来。而随着经济发展水平的不断提升,城乡居民收入稳步增长,基础设施日趋完善,加之绿水青山的生态环境、日益增长的体育人口、包容共享的治理理念,这些为体育产业发展不断带来利好元素。到2014年,政府工作报告中首次提出要发展体育产业,这一年也因此被视为我国体育产业元年。自此之后,体育作为一种产业的重要性不断提升,目标与路径愈加清晰,工作重点日益聚集,战略性定位逐渐凸显。

1.1.2 现状概览:繁荣与困境并存

2016年《政府工作报告》提出,要"发展全民健身、竞技体育和体育产业",点明了体育发展的三大重要方面。其中,全民健身侧重于将体育视为一种全民参与的事业,竞技体育侧重于将体育视为一种追求卓越的文化,体育产业则侧重于将体育视为一种带来经济效益的产业。但全民健身、竞技体育、体育产业三者又并非完全孤立存在的,而是相互关联、相互融合、密不可分,统一于体育发展的过程中的。如全民健身为竞技体育、体育产业的发展夯实群众基础;而体育产业的发展,尤其是结构的优化,则为全民健身、竞技体育的更好开展提供便利。于是,不妨选取其中的"产业"这一角度,管中窥豹,对体育发展现状进行概览。

进入21世纪,具有较强产业带动能力与就业吸纳能力的体育产业,受到全球诸多国家的关注,呈现出良好的发展态势。据统计结果显示,2015年全球体育产业增加值便已达到1.5万亿美元,占全球GDP的2%。其中,美国处于体育产业发展的"领头羊"位置。2015年美国体育产业增加值达到4984亿美元,产业规模庞大。体育联盟、体育联合会、体育团队等举办的各类赛事,成为最受欢迎的休闲娱乐选择之一。观赏型体育发展稳定,每年门票收入的增长率保持在5%～6%。参与型体育发展迅猛,有超过5000万的美国人每年至少有100天参与到体育健身活动当中,130万人直接服务于体育娱乐休闲产业。体育产业体系完备,横跨职业比赛、休闲健身、体育用品、文化传媒等诸多领域,经营模式成熟。

至于我国,体育产业于20世纪70年代末起步。经过1978年"体育社会化"方针制定、1992年市场化变革破冰以及2001年北京申奥成功这三大重要事件结点,跨越探索尝试(1978—1992年)、初步发展(1992—2001年)、加速推进(2001—2014年)三大阶段,随着2014年国务院《关于加快发展体育产业 促进体育消费的若干意见》这一纲领性文件的发布,开始进入全面发展期。在这一新的历史起点上,我国体育产业发展取得了一系列突出成绩,发展势头强劲。

一方面,体育产业规模呈现稳步扩张态势。从微观层面看,体育产业机构数量明显增加,从业人数不断增长,消费市场日益繁荣。2016年,体育产业机构年增长率达21.7%,体育产业从业人数达440余万人,消费规模近万亿元。而立足宏观数据,更是直观地体现出体育产业规模逐步扩大的态势(如图1-1所示)。2014年,全国体育及相关产业总产出达1.3575万亿元,实现增加值4041亿元,占当年GDP的0.64%。到2017年,全国体育及相关产业总产出已达2.2万亿元,实现增加值7811亿元,占GDP的比例增长至0.94%。2016年当年,体育产业增速更是跑赢了同期GDP的增幅,占据产业经济时代"风口"。

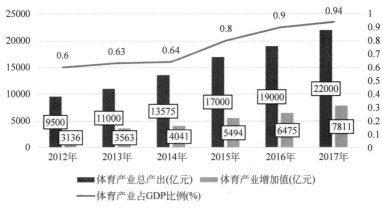

图1-1 2012—2017年中国体育产业规模图
资料来源:国家体育总局

另一方面,体育产业体系日益健全。2015年发布的《国家体育产业统计分类》,对体育产业内涵品类进行完善,将其划分为体育管理活动,体育竞赛表演活动,体育健身休闲活动,体育场馆服务,体育中介服务,体育培训与教育,体育传媒与信息服务,其他与体育相关服务,体育用品及相关产品制造,体育用品及相关产品销售、贸易代理与出租,体育场地设施建设等11个大类37个中类52个小类。体育产业已初步形成以竞赛表演和健身休闲为驱动,体育用品为支撑,包含体育场馆、体育培训、体育中介、体育传媒等多种业态的完整体系,并呈现与科技、文化、传媒、健康、养老、旅游等相关行业融合的趋势。

再一方面,体育产业结构趋于优化。体育用品业稳定增长,2017年体育用品和相关产品制造业总产出达13509.2亿元,占国家体育产业总产出的61.4%;增加值为3264.6亿元,占总增加值的41.8%。同时,体育服务业比例逐步提升,潜力巨大。2017年体育服务业总产出为8018.9亿元,继续保持快速发展势头,增加值在体育产业中所占比重继续上升,从2016年的55%上升为2017年的57%。其中,直接与公众体育消费相关的体育竞赛表演、休闲健身活动产业量增长突出,体育服务业蓬勃发展。体育产业呈现多种经济成分并存,非公有制经济占据主体的格局。

可以看出,我国体育产业近年来发展势头强劲。但对比美国等世界一流的体育强国,差距依旧明显。2017年,全国体育产业总规模占GDP的0.94%,与发达国家的3.5%以及支柱产业4%的标准相比,仍有较大提升空间。而体育产业结构亦仍不尽合理,体育服务业占比依旧偏低,有待进一步优化(如图1-2所示)。此外,还存在体育产业区域发展不平衡、品牌效应差、市场主体活力和创造力不强等问题。

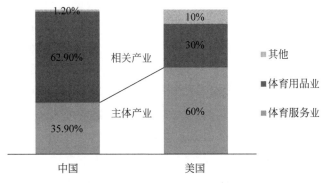

图1-2 2016年中美体育产业结构对比图

资料来源:国家体育总局(中国数据),方正证券(美国数据)

中国作为体育产业的后起之秀,除在发展程度上与体育强国存在差距之外,更面临部分产业发展的共性困境。放眼全球,尽管各国受历史文化、经济发展水平等差异因素的影响,在体育产业发展中存在个性化问题。但总体上,全球体育产业发展势头强劲,发展程度趋近,且陆续面临相似挑战,阻碍产业进一步发展。一方面,需求多元化导致传统体育产业模式难以对用户需求进行有效管理、及时响应,进而导致体育消费激发不足,体育参与度低迷。另一方面,体育信息未能实现有效的交流、融合及共享,对体育产业的有效科普、参与、推广造成阻碍。由此可见,突破发展瓶颈,找到一条转型升级之路,对进一步盘活体育产业既有禀赋与资源,实现产业的可持续发展尤为重要。

1.1.3 瓶颈突破:向智慧体育迈进

随着体育发展的不断深入,如若要成功突破发展瓶颈,其关注的重点必将不再局限于发展的速度或规模,而在于发展的质量与可持续性。由此,从体育大国向体育强国迈进,逐渐成为体育发展的方向和目标。这一目标是使体育能够实现更好地满足人民对美好生活日益增长的需要、能够体现新发展理念的发展,使创新成为第一动力、协调成为行动先导、绿色成为普遍形态、开放成为必由之路、共享成为根本目的的发展,推动体育产业实现转型升级的跨越式发展。而这一目标的实现,也必将推动体育向着更加智慧的方向迈进。

建设智慧体育是新时代的要求,也是现代体育的发展方向。"智慧体育"顾名思义是让体育变得更加智慧,即通过新一代信息技术等新兴技术和理论的不断发展和应用,使体育具有与人的智慧相似的迅速、灵活、正确地理解和解决问题的能力,以让体育更好地发挥自身功能与服务职能,彰显自身多元价值,也使主体——人更好地参与到体育运动中。

智慧体育概念的提出及落实推进,为体育发展瓶颈的有效突破提供机遇。一方面,智慧体育作为现代信息技术与体育融合发展的一种新形态,可以有效地发挥技术模式的连接性与数据化优势,无论在体育资源整合或是体育需求挖掘方面,均可取得突出成效。智慧体育通过开放平台的搭建等方式,对处于分散状态的多元主体、多元结构的体育信息资源进行整合和提升,实现信息的有效交流、融合及共享。另外通过对数据的采集、处理、分析、应用,加强对体育市场需求和消费趋势的整体把握,引导体育企业开发符合市场需求的体育产品和服务。另一方面,智慧体育将开放、共享、包容的理念融入体育当中,打通传统体育系统、体育产业各领域的条块分割的格局,促进体育产品与服务供给的细分化、智能化、专业化。同时,凭借广泛覆盖、互联互通和类群化特征,塑造各种利益和兴趣细分群体,使越来越多的普通公众参与到体育运动当中。

由此可见,智慧体育为体育发展带来诸多改变。体育信息的透明度及价值性得到有效提升,体育需求从低水平、单一化向多层次、多元化拓展,体育消费方式从实物型消费向参与型、观赏型消费扩展,体育产业从追求规模向提高质量和竞争力扩展,体育必将由此踏上转型升级之路,迎来重大战略机遇。尤其在信息化革命持续推进、"互联网+"迅速发展、智慧城市建设日趋完善的时代背景下,智慧体育早已不再局限于一种理念构想或发展方向,而真正转变为体育突破瓶颈实现转型升级的具象行动。在政策、技术、消费等多重要素的驱动下,智慧体育建设变得尤为实际与清晰。

1.2　多要素驱动体育变革

体育作为一种特殊的社会现象,其发展必将受到全球经济、社会、政治、文化、科技进步等多重因素影响。在众多影响因素中,我们特选取政策、技术、消费三大因素,集中探讨其对体育发展的驱动作用。其中,积极政策为体育发展提供顶层设计,更从根本上打破了转型升级的枷锁;技术进步提供革新条件,激发体育创新发展活力;消费升级牵引体育产业升级来临,引爆体育发展拐点。政策、技术、消费及其他多因素动力叠加,合力推动体育向智慧体育方向迈进。

1.2.1　积极政策打破转型枷锁

体育的发展既与国民生活息息相关,又与国民经济发展密切相连,具有至关重要的地位。而政策作为一种计划性的政府行为,通过一系列的制度设计,对国家各领域发展均具有强烈的引导和示范作用,对于体育的发展更是如此。总体来看,积极政策可以改变无序的市场竞争状况,支撑体育实现持续健康发展。更可以从顶层设计的角度,对体育发展方向进行规划,打破转型升级的枷锁,牵引体育迈向智慧化。

回顾西方发达国家的体育发展历程,不难发现体育运动的迅速发展与各国所采取的积极政策密切相关。例如英国,早在1937年便颁布《身体训练与娱乐条例》,以提升体育与娱乐的标准化程度。20世纪90年代中期,则是将政策的重心转移到群众参与上,提倡"全民运动"。再如日本,1961年便颁布《体育振兴法》,鼓励大众参与体育运动。2011年更是出台《体育立国战略》，对日本体育未来发展进行规范与指导。又如美国，陆续出台《促进健康、预防疾病、健康公民1990》(1980)、《促进青年人终身体育学校和社区规划指南》(1997)、《大众体育活动计划》(2001)、《美国人体育活动指南》(2008)、《健康公民计划2020》(2010)等公共服务政策，激发大众参与体育运动的热情。同时，通过税收优惠、反垄断等方面的法规，保护体育产业发展。由此可见，持续有效的政策支持，使体育在政策红利的覆盖下，焕发蓬勃生机。

具体到我国，体育的发展伴随着一系列积极政策的出台。一方面，国家政策可以从战略的高度，对体育发展进行整体性规划，更对体育未来发展提出更高要求。例如，2014年，《关于加快发展体育产业促进体育消费的若干意见》提出优化产业布局、改善产业结构、抓好潜力产业等方面的任务。2016年，《全民健身计划（2016—2020年）》明确提出到2020年前我国体育建设方面的发展目标。同年颁布的《"健康中国2030"规划纲要》，提出发展体育新业态。近年来，政府政策鼓励体育变革的声音日渐清晰。继2014年政府工作报告中提出"发展全民健身、竞技体育和体育产业"之后，2018年，更是在政府工作报告中明确"体育产业的发展要充分依赖'互联网+'、人工智能、云计算、大数据等，实现产业的做大做强，成为经济发展的新动能"，支持社会力量提供体育服务，积极推进体育改革。

除宏观战略规划外，国家政策还可以为体育发展提供更为具象化的指导意见，明确体育于未来一段时间内发展的主要任务、重点内容、主要措施等。例如，2016年颁布的《体育产业发展"十三五"规划》中，除点明我国体育在"十三五"期间将迎来"需求从低水平、单一化向多层次、多元化扩展，消费方式从实物型消费向参与型和观赏型消费扩展，体育产业从追求规模向提高质量和竞争力扩展"的重大战略机遇，更提出"加快全国性体育资源交易平台建设，推进赛事举办权、场馆经营权、无形资产开发权等资源公平、公正、公开流转""积极推动在线体育平台企业发展壮大，整合上下游企业资源，形成体育产业新生态圈"等更为落地化的指导意见。

另一方面，政策的出台对体育建设进行规范，为其健康可持续发展保驾护航。例如，国家体育总局从2002年开始，陆续出台14项《体育场所开业条件与技术要求》强制性标准，以及2项《体育场所等级划分》推荐性标准，迈出体育产业标准化第一步。明确标准不仅利于体育发展的规范化，更是以理清"何不可为"的方式，打破体育发展的枷锁，为其实现转型升级助力。

1.2.2 技术进步激发创新活力

科学技术是第一生产力,技术的进步为人们的生活、生产、学习创造了无限的新可能。特别在新科技革命和产业革命的背景下,技术进步对经济社会的渗透率不断增强,且正以前所未有的广度和深度推进资源配置方式、生产方式、组织方式、经济发展模式等进行深刻变革,体育也不例外。

体育走向智慧化,不仅是社会发展的成果,更是技术进步的产物,离不开一系列关键技术的支持。例如,物联网技术通过将体育场馆、运动设施以及虚拟体育资源、体育活动中的人等相连接,为智慧体育提供信息基础设施。云计算技术通过提升数据存储、运算的可靠性,及挖掘数据的内在关联,为智慧体育提供新型的服务管理模式。移动互联网技术应用于体育场馆信息服务与公众健康体质监测服务,提供包括场馆预定、移动支付、运动处方开具等应用。虚拟仿真技术则可以辅助运动训练,消除教练与运动员的紧张心理。当然,新技术作用于体育领域,所产生的变革成果是无法穷举的。尤其在全球新一轮科技革命和产业变革兴起的今天,技术迭代不断加速,技术融合日趋明显。但我们可以对纷繁复杂的成果进行归纳,简单概括出技术进步对体育变革的两大作用点。

一方面,技术进步为破解体育现有困境赋能,进而促使其向更高层次迈进。例如,体育信息化发展,呈现出信息未能实现有效交流、融合及共享的问题。体育信息资源处在过于分散状态,缺乏高效整合的途径和平台,且体育信息资源应用于服务公众的手段及内容开发不足,交互性及实时性较差。而随着物联网、云计算、大数据等新兴技术的相继涌现,互联网不仅限于体育信息的传播,更可以实现信息采集—处理—分析—应用的全过程。例如,可穿戴智能运动设备可以通过新计算机模式的传感器、终端设备,结合物联网技术,对运动数据进行采集及后台处理、分析,将大量的原始数据转化成智慧洞察,为运动员训练和公众参与体育运动的记录化与科学化提供便利,也为体育产业产品、服务生产与供给,甚至政府的体育政策制定,提供更为客观的决策依据。

另一方面,技术进步有利于挖掘体育自身潜力,激发创新活力。新技术使体育运动参与者随时随地处于"连接"和"在线"的状态,其偏好、行为甚至心情能够被实时发现和追踪,使需求趋于显性化,体育在用户能力拓展、健身监测、社交娱乐、生活管家等方面的功能也进而得以实现。同时,新技术不断更新着运动的体验及参与方式。快速发展的数据库、电子设备、可穿戴技术，正改善着运动场馆的用户体验，通过科学引导、评估观众流量、游客流量、内容传播等方式，提升体育产品、服务供给质量，更从根本上改变着体育运动内容的创造、分布，构建除家、体育场馆之外的拥有便利网络连接的第三方体验体育运动场所。此外，新技术还改变着体育运动参与者与体育运动、体育组织间，以及体育运动参与者间的沟通方式，使体育更具包容性。例如，大数据、新媒体等技术便提供了体育参与新方式，在扩大市场规模、链接更多的用户（尤其是年轻人）等方面，扮演了至关重要的角色。据2015年统计数据显示，约19%的加拿大人参加了至少一种形式的虚拟体育联盟。而Facebook被体育组织应用于宣传推广、市场分析，更极大地提升了体育市场受众范围。

通过破解困境与激发潜能，新技术正对体育进行革命性的变革。而"智慧体育"这一体育变革的全新形式，正是技术进步的必然产物。技术的飞速发展，促使人类社会生产、生活的方方面面，都产生着巨大的变革。在这场变革中，无论是主动或是被动，体育终将被裹挟着与时俱进，紧随技术进步的步伐而前进。

1.2.3 消费升级引爆发展拐点

国际经验显示，当人均GDP超过5000美元时，娱乐消费便会迎来转型升级期，体育产业将相应迎来"井喷式"爆发态势。我国也已认识到体育消费的巨大潜力，2016年将体育与旅游、文化、健康、养老等并称为"五大幸福产业"，要求引导社会资本加大投入力度，通过提升服务品质、增加服务供给，不断释放潜在消费需求。由此可见，消费升级并非一个伪命题，而恰是牵引体育产业升级来临、引爆体育发展的重要拐点。

一方面，消费升级伴随需求变革，"牵引"产业革新实现。伴随着经济发展水平的上升，越来越多的家庭正从"温饱型"向"小康型"过渡，公众对体育娱乐、健身运动的需求相应上升。曾经奉行"金牌战略"的行政体育需求，逐渐被日益增长的公众体育需求所代替，体育开始从非消费型向消费型转变，亟须寻求产业化的运作模式。以美国体育产业发展为例，20世纪70年代，美国人均GDP超过5000美元，人均体育消费相应得到快速增长，从20世纪80年代中期的600多亿美元激增到20世纪末的逾2000亿美元，细分行业也迅速扩张，体育产业迎来黄金时代。而我国也正迎来全民运动意识的崛起，据2017年国家最新全民健身状况调查公报数据显示，相比2016年，全民健身运动的人群比例增长近8%，尤其是具有旺盛娱乐和消费需求的20～40岁人群，运动人群比例翻了一番。

同时，消费升级并不单纯体现在消费投入数量的提升上，更体现在对消费质量要求的提升。公众越来越不能满足于传统的体育参与方式，需求更为多元化、个性化。例如，公众渴望观赏、参与更多种类的体育运动，体验更为丰富的运动内容。重视运动本身价值的实现，重视运动的过程，渴望获得更为科学化、更加身临其境的运动体验。更重视体育于锻炼身体之外的多元价值，追求身心放松、感官刺激、品味提升、个性彰显。如此，"如何准确、快捷地向这个庞大的市场，提供能够满足群众健身个性化追求的体育资源"便成为一个重要的话题，而这也为体育发展提出了更多新的要求。爆发式增长的体育消费市场，必然成为智慧体育高速发展的有力支撑。

另一方面，消费升级刺激资本市场，助力体育转型。伴随消费升级，体育运动参与人数越来越多，关注度越来越高，而"资本逐利"是颠扑不破的真理。嗅觉灵敏的资本市场必将抛弃传统体育产业模式，以期获得更高的回报。而随着体育产业迎来高速发展期，社会力量投资体育产业的热情空前高涨，资本的大举挺入有利于满足体育发展先期所必需的资金、技术、渠道等多方面诉求，助力商业模式创新与技术创新演进融为一体的产业成长过程，在产业发展中发挥不可替代的作用，成为促进智慧体育发展的"超级引擎"。

同时，资本的介入可以有效激活体育市场，并进一步撬动增量市场，打造"体育+"生态，影响产业发展方向。资本市场利用自身巨大的资金规模、强大的信息处理能力，形成自身的风险—收益判断，挖掘高潜力新兴技术及模式，为未来体育发展提供更多潜在的方向选择。而资本市场出于逐利本性，又会自发地由利润率低的产业流向利润率高的产业，推动体育进行积极地自我革新，实现转型升级。

1.3　智慧体育与智慧城市

伴随移动互联网、大数据、云计算等新一代信息技术的出现，及各类智能化应用的兴起，世界的基础结构正在向着"智慧"方向发展，我们已然进入智慧城市时代。而智慧体育诞生于智慧城市建设背景，是智慧城市在体育领域的落地化实践。毋庸置疑的是，智慧城市对智慧体育的概念形成与建设发展，起到至关重要的基础性作用。而随着智慧体育建设的日趋成熟，其对智慧城市发展的促进作用也日趋明显。智慧体育与智慧城市的相互融合正在成为一种趋势，而这种趋势在当今最显著的表现，便是城市体育大脑的出现。

1.3.1 智慧城市的体育实践

2008年,IBM提出智慧地球的概念,将信息技术充分运用到各行各业,深入交通、医疗、能源、教育等城市生活的方方面面,以期能够更透彻地感应、度量世界的本质和变化,促进全球更全面地实现互联互通,以及全球事物、流程、运行方式更深入智慧化的实现。而城市是地球的缩影,其发展所面临的机遇与挑战,恰代表了人类在这个地球上所面临的机遇与挑战。构建智慧地球,从智慧城市开始。

1. 智慧体育诞生于智慧城市

智慧城市是指充分运用物联网、云计算等先进信息技术手段,全面感测、分析、整合城市运行中的各项关键信息,通过对城市各方面各层次需求做出明确、快速、高效、灵活的智能响应,营造人与社会、人与人、人与物和谐共处的环境,为城市管理者提供高效的城市管理手段,为企业提供优质服务和广阔的创新空间,为市民提供更好的生活品质。随着智慧城市理念的逐步深入,其在交通、医疗、教育等领域的实践路径也愈加清晰,体育行业的"智慧化"实践由此拓展开来。

体育是城市大文化的重要组成部分,在提升城市国际竞争力、展现城市精神、提升市民健康素质和生活品质等方面,发挥着至关重要的作用。城市的建设与发展是一项系统性工程,体育是其中重要的组成部分,其建设与发展和城市规划、城市基础建设、城市结构转型等方面密切相关。相应地,智慧体育是智慧城市的一个重要组成部分,是智慧交通、智慧医疗、智慧教育、智慧能源、智慧旅游、智慧金融等城市建设系统性工程中的一项,是智慧城市建设在体育领域的具体体现。

"智慧城市"一经提出,便受到广泛的接受和响应,越来越多的行业领域开始应用智慧产品与服务,以谋求自身的提升与改善。在智慧城市建设迅速发展的背景下,智慧体育应运而生。智慧城市为智慧体育建设提供了物质基础和技术支持,并对智慧体育进行了初步的架构。智慧体育吸纳了智慧城市"智慧"的核心理念,探索将互联网技术、移动通信技术、物联网等新兴技术应用于体育领域,形成更符合需要的体育活动方式及管理模式,进而构建新的体育产业环境形态,赋予体育人格内涵。智慧体育是智慧城市的一种内部深化,也是智慧城市理念在体育领域的延展。

2. 智慧城市奠定智慧体育基础

智慧城市为智慧体育奠定技术基础。智慧城市并不是一个只存在于理念中的概念,而是要能够从现实中获得感知。而这种现实感知获得的基本实践路径之一,便是借助新兴技术。技术沉淀是智慧城市的最重要特征之一,智慧城市的建设离不开移动互联网、大数据、云计算、物联网等先进信息技术的支持。这些技术应用于体育领域,也为体育的智慧化发展发挥了积极的作用。例如,物联网涉及的包括感知层、网络层、应用层等技术,就为智慧体育的发展提供了基础的网络架构铺设。

智慧城市为智慧体育奠定政治基础。智慧城市要求城市的管理者和运营者把城市看作一个生命有机体,看作包括交通、能源、商业、通信、人等多元素在内的系统的"智慧"建设,而非复杂功能的简单叠加,而体育也是这一复杂有机生命体中的一部分。城市生命体的正常运转,离不开政策的支持。智慧城市发展的过程伴随着一系列配套政策的诞生,而这些政策往往能够套用或延伸至智慧体育领域,或为智慧体育建设提供方向指导,或为智慧体育发展订立标准规范,为智慧体育带来更加广阔且持续的发展空间。例如,杭州市印发的《杭州市城市数据大脑规划》,为智慧城市建设提出"城市数据大脑"全新理念,这一理念便衍生出"城市体育大脑"的概念,为智慧体育建设提供政策性支持。

智慧城市为智慧体育奠定经济基础。智慧城市改变了城市的治理逻辑,在经济动能、要素构成、协同方式、转型路径等方面均发生了明显的变化,城市发展由此站上一个新的起点,新创市场空间超万亿元。智慧城市建设所创造的巨大经济红利与市场空间,为智慧体育建设奠定了基础。同时,智慧城市建设中智慧医疗、智慧教育、智慧金融等领域的发展,及其创造的竞争优势,会沿产业链进行全面延伸,进而带动智慧体育的发展。例如,智慧金融以金融创新的方式,探索体育产业众筹融资等新金融与体育产业结合模式,实现在支持体育行业发展的同时,让投资者财富增长的可能。而智慧艺术的发展,则更直接地通过新媒体革新,在体育信息传播、浸入式参与、智慧化运营等方面做出贡献。

1.3.2 让城市"动"起来

体育与城市之间具有天然的联系。现代体育恰始于工业革命所带来的城市化高速发展,与城市化进程高度相关。城市的发展促进了现代体育的发展,而现代体育的发展,尤其是智慧体育的发展,又反过来激发了城市的活力。

1. 体育,影响一座城

提到体育,越来越多的人会将其与城市的文化建设联系在一起。如自行车之于哥本哈根,足球之于谢菲尔德。体育能够成为城市的名片,重塑城市的形象,赋予城市更加鲜活的生命力。例如,主动申办和创办大型体育赛事就能快速提升举办城市的全球影响力。而许多城市也依托体育的力量展示城市名片,从区域中心城市发展成国家中心城市,甚至成为国际有影响力城市。与此同时,体育可以充当城市人文精神升华的催化剂,并更为具象地体现在充实城市居民的精神文化生活,培养战胜困难的信心和进取精神,增强凝聚力、城市归属感等方面。

体育对城市的影响不只限于丰富城市文化内涵,而更为切实地体现在对城市转型的助推作用。对于城市,体育不仅是一种文化活动,更是一种经济增长方式、一种城市发展模式,早已纳入政府的长期战略中。发展体育运动,尤其是举办大型赛事,往往需要建设一批现代化的体育设施,需要城市公安、交通、通信、环保、志愿服务等多方面协同配合,从而对城市建设提出新的需求。为满足这些需求,城市基础设施、管理水平等方面均需要整体完善,整个城市面貌会发生翻天覆地的变化,城市管理、治理也会相应发生改变。由此可见,体育可以使城市的体育劳动力资源、体育产业资金、体育技术信息等社会生产要素集中化,指导对城市的改造,提升城市品质。

随着城市文化魅力的提高与生活品质的提升,城市会有能力吸引更多高质量的投资和人才,进而实现发展的良性循环。正如卡拉·鲍尔在《新闻周刊》中所言:"在工业时代,能获得原材料是城市繁荣的基础,如今这种趋势正在改变。为了吸引有头脑和有资本的人士拉动经济增长,一座城市必须用生活方式和文化方式吸引他们。"不同于工业时代以自身为资源型城市为荣,今天的城市正在越来越多地依靠体育、文化、艺术等诱因和媒介,吸引人才流、资本流、技术流和信息流向城市聚集。

2. 智慧体育,激发城市活力

体育影响一座城,体育的发展与城市的发展密切相连。智慧体育的出现,突破了体育发展的瓶颈,在为运动参与者提供更多更优质服务的同时,促进了智慧城市的建设与发展。体育产业的科技理念,解决了网络城市"数字空间"与现实体育"物理空间"相分离的问题,成为城市智慧化转型升级的重要途径之一。而智慧体育在调动场馆预订、体育培训、体育营销、体育社交等领域的上下游资源,以有效资源整合促进自身发展的同时,带动相关产业的迅速发展,使智慧城市内涵逐步拓展,激发城市活力。

智慧体育的一大特征是体育与科技的结合,需要通过可穿戴智能设备应用、体育大数据平台搭建等渠道,利用物联网、大数据、移动互联网、虚拟现实等手段,整合资源,以把体育运动服务落到实处。而在这一探索过程当中,无论是新技术的研发、新服务的拓展、新平台的搭建,都终将成为智慧城市建设的一部分。而其中科学技术的应用与高关联产业的有效互动,支撑利益相关者间的协同合作,产业结构调整与转型等方面的经验更是值得合理总结、复制、推广,应用于智慧城市建设的各个领域。

随着智慧体育发展进程的不断推进,体育产业开始呈现出与其他产业相融合的态势,将体育逐步渗透到智慧城市发展的各个角落,发挥体育智慧魅力,带动智慧城市相关产业发展。较为直接的是,智慧体育发展产生的正外部效益,会随产业链向上下游辐射,带动智能器械、可穿戴设备等智能终端产业的发展,以及体育搜索引擎、新媒体、在线服务等配套服务产业振兴。而智慧体育更孕育出独特的"体育+"产业,以跨业融合的形式,催生诸多新的产品与经济业态,扩大智慧体育的影响力与辐射面。例如,"体育+旅游"便是体育与旅游的融合体,依托良好环境,做好体育文章,结合城市自身特色和优势,挖掘城市文化内涵,打造体育旅游品牌,使城市成为体育旅游爱好者的目的地,进而激发城市发展潜力。

1.3.3 为城市装上体育大脑

如今,"体育促进城市发展,城市带动体育发展"已经成为共识,智慧体育与智慧城市相互融合趋势日趋明显。而在经济持续动力不足、规划建设特色缺失等问题面前,无论是城市还是体育,都亟须走上转型升级之路。城市建设更加强调各个"器官"之间的协同,城市大脑及城市体育大脑的概念遂应运而生。

城市大脑是一个按照城市学"城市生命体"理论和"互联网+现代治理"思维,创新地运用大数据、云计算、人工智能等前沿科技构建的平台型人工智能中枢。其提出的背景是智慧城市建设渐趋完善,大数据、人工智能等新技术迅速发展。其核心在于充分挖掘数据的价值、发挥数据的力量,以数据资源优化城市公共资源。通过城市大脑,可以充分整合城市现有数据、系统等资源,围绕逻辑架构体系、综合能力体系、技术支撑体系、数据资源体系、标准规范体系、安全保障体系、应用服务体系、运营支撑体系,汇集政府、企业和社会数据,在城市治理领域进行融合计算,实现城市运行的生命体征感知、公共资源配置、宏观决策指挥、事件预测预警、"城市病"治理等功能。城市大脑,正在成为智慧城市面向未来的标配。

伴随城市大脑概念的出现,城市体育大脑的概念应运而生。城市体育大脑希望运用大数据、云计算、人工智能等新技术,形成对城市体育资源的有效整合。资源整合将政府、企业、运动员、教练员、运动爱好者等多方主体,以及场馆、赛事、传媒等多种资源,连接到同一平台系统中,实现对体育资源的共建共享,实现高效、全面的体育运动管理和协同,进而可以形成不同主体间的良性互动机制,有利于改善城市体育设施重复建设、资源浪费的局面,以及解决用户体育资源获取通道不畅、大型赛事各部门组织协调能力不足等问题。同时,不同主体要素的集聚提供了丰富的数据源,对这些数据进行清洗和梳理分析,并通过搭建能够支撑类似脑推理的核心算法模型,可以充分发挥数据的力量,对城市体育建设进行精准分析、整体研判、协同指挥,为政府体育决策的制定提供支持。城市体育大脑具备自主分析、自我学习、自我成长的能力,以及更准确的预测能力,可以有效提升政府对体育发展整体状况的把握,使相关政策的制定更具科学性、时效性。

城市体育大脑作为一个新兴概念,脱胎于城市大脑理念,是城市大脑在体育领域的具象化实践,是智慧体育与智慧城市相互融合的最新产物。一方面,城市体育大脑建设需要城市大脑的支持。依托城市大脑,体育大脑可以获得理念、政策、技术、基础设施等多方面支持,以及可拓展甚至可复制的经验。同时,城市体育大脑建设需要城市子系统支持,特别在体育产业迅速发展、生态外延不断扩大的今天,体育旅游、体育医疗等衍生产业蓬勃发展,体育与交通、医疗等外体育领域系统联系更为密切。另一方面,城市体育大脑建设助力城市大脑实现。城市大脑建设是一个系统性工程,需要进行跨部门、跨领域、跨区域的即时数据处理,协调各个职能系统,而体育也是其中重要的一部分。例如,集中控制中心、信息基础设施、智能化体育场馆和设施、比赛专用设施、赛事广播电视系统、保障和服务系统、综合安防系统等为一体的"智慧亚运",便被作为主要内容之一,列入《杭州城市数据大脑规划》中。

第 2 章 解读智慧体育内涵

信息时代,智慧引领体育转型升级正在稳步推进,并在智慧城市及全民健身等相关理念的助推下,迅速成长为一股热潮。但智慧体育本身仍是一个相对年轻的概念,尚未建立权威的定义及统一的标准,亦未形成一个完善的建设框架。于是,解答"什么是智慧体育""如何建设智慧体育"两大难题,变得尤为重要。

2.1 什么是智慧体育

智慧体育是一个面向未来的体育理念,具有与传统体育不同的丰富内涵及鲜明特征。尝试解答"什么是智慧体育",需要从概念及特征两个方面着手,综合政府文件、学者意见等各方观点,进行全面的认知与解读。

2.1.1 概念界定

智慧体育,从字面上理解便是赋予体育以"智慧"。何为智慧?智慧是指对事物能迅速、灵活、正确地理解和解决的能力。而智慧城市中的"智慧",是在"智慧"一词传统概念的基础上进行的创新和延伸,传达出这样一种理念:利用先进科学技术,实现对各方面、各层次需求的迅速、灵活、正确地理解和响应,进而达成人与人、人与自然的和谐共处。智慧体育脱胎于智慧城市,是智慧城市的一种内部深化,也是智慧城市理念在体育领域的延展,其延续了智慧城市的"智慧"内涵。正如叶强等对智慧体育的定义:所谓智慧,是指"随获所需、知轻重、知进退",即随时获取所需信息,并据此判断主次、做出决策。而智慧体育能让体育的服务与管理更"聪明",利用无处不在的各式传感器实现对各种体育行为的全面感知,利用云计算等智能处理技术对海量感知信息进行处理和分析,如对竞技体育、全民健身、体育场馆及设施等各种需求做出智能响应和智能决策支持。

智慧的重要表现形式是"创新",在于对传统模式、理念的变革。智慧体育是新时代发展的要求,也是现代体育发展的方向,是一种以技术的创新运用为手段,以为体育活动参与者提供全面化、智能化服务为目标的体育模式创新。智慧体育的诞生意在落实全民健身国家战略,提升体育运营能力,盘活既有资源,进而满足城市群众日益增长的体育运动需求,让运动成为市民的健康生活方式。正如蔡维敏在其文章中指出:智慧体育是基于新型的信息技术,为满足体育参与者的个性化需求、丰富参与者的体验方式、提高参与者的运动质量、促进体育事业的可持续发展而实现对体育发展中各项资源有效利用的变革,从而为体育活动的参与者提供智能化、高满意度服务的一种新型运动参与方式。陈翔则将智慧体育定义为:一种对体育资源供需双方信息资源高效整合、平衡供需关系的创新发展机制。而卞志良也认为智慧体育是对包括竞技体育、全民健身、体育场馆设施等各种需求,做出智能化响应和智能化决策支持的一种现代体育新模式。

智慧的实现离不开先进技术的支持,特别是云计算、物联网、大数据、移动互联网等新一代信息技术。例如,物联网将物—物、人—物全面互联互通,传感器将传统的物理体育世界转变为数据体育世界,大数据、云计算等其他智能技术则对信息数据进行处理、分析,辅助服务供给及决策制定。因此,陈锦等将智慧体育理解为:以应用物联网、互联网、大数据、云计算等"智能技术"对海量感知信息进行处理和分析,对包括竞技体育活动、群众体育活动、体育产业、体育文化、体育设施等体育各个领域的需求做出智能化响应和智能化决策支持,使体育的管理和服务更加聪明。而2015年6月江苏省发布的《关于加快发展体育产业促进体育消费的实施意见》,则更为直接地将智慧体育视为体育信息化的延伸、拓展和升华,提出以大数据、物联网、移动互联网、云计算等现代信息技术为基础,构建覆盖全省的"智慧体育"服务网络和平台,提升体育领域的信息化水平。

此外,智慧体育不是一个简单的项目,而是一项系统性工程,是一种比较高级的生态系统。智慧体育通过对国家体育总局、地方政府、协会团体及各种社会资源的纵向整合,以及体育旅游、健康、文化等领域资源的横向整合,真正实现体育资源的广泛聚集与纳入,进而实现迅速、灵活、正确地理解和响应。正如国家体育总局体育科学研究所智慧体育创新研究中心主任李详晨在智慧体育高峰论坛上的发言中所提到的,所谓智慧体育应该是基于大数据、云计算及物联网技术于一体,以竞技体育、全民健身、体育产业等为基本架构,整合教育、医疗、旅游、文化等"体育+"资源的一种比较高级的生态系统。

综合以上对智慧体育概念的讨论,我们认为,智慧体育是物联网、云计算、大数据等新一代信息技术应用于体育领域的最新成果,是整合教育、医疗、旅游、文化等"体育+"资源的系统性工程,通过构建数字化、网络化、智能化的运动空间、运动模式、运动生态,全面提升体育服务质量,推进体育产业转型升级,以更迅速、灵活、正确地理解和响应人们更具个性化、多元化的体育需求。

2.1.2 特征剖析

智慧体育作为传统体育转型升级的最新成果,自然有别于传统体育,具有诸多传统体育尚不具备或不够具备的特征。而其中,技术融合、资源整合、需求契合,是最为重要的三大特征。

1. 技术融合

从智慧体育的概念可以看出,智慧体育是大数据、云计算、物联网等技术综合应用于体育的产物。因此,技术融合是智慧体育最为显著的特征之一。技术的融合与进步是一个渐变和永不停息的动态发展过程,体育与先进技术深度融合,加之技术之间彼此融合,实现聚合涌现效应,迸发出强大的生命力。而更为具体的是,智慧体育的技术融合性突出体现为数据价值的彰显与智能创新常态化两大方面。

在新技术全面发展、紧密结合、相互协同作用下,数据的价值愈加凸显。随着传感器、生物芯片等技术应用于体育,越来越多的体育运动、消费等行为,能够通过数据的形式被度量、计算、实时感知。新技术通过提升数据计算与分析能力,以及构建强大的数据互联系统,使传统体育逐步实现现代数据化,并进一步将数据转化成智慧洞察。例如,将传统跑步机融入物联网、大数据、虚拟现实、体育仿真等技术,便可以使其升级成为一款具备"健身+体能监控+健康管理+旅游社交"能力的"智慧"跑步机,实现三维场景数据、视频场景数据、个人运动数据、个人生理数据等体育伴生多重数据的收集、处理,并以运动指南、健康提示等形象、简易的方式进行具象呈现,提升运动的乐趣性、科学性。而越来越多的人应用智慧体育设备、参与智慧体育运动,也通过自己的参与行为为智慧体育注入新的数据资源。由此,智慧体育本身便被建立在一个集数据采集、数据处理、数据分析、数据应用四大过程为一体的完整闭环之上。

同时，随着技术应用的不断深入，技术与体育的关系日益密切，技术成果转化为体育应用的周期不断缩短。新技术催生一系列的新产品、新服务、新模式，并在应用需求的推动下完成自身的创新和迭代升级。于是，在智慧体育面前，我们面临的将不仅是一场"大众创业、万众创新"的热潮，而更具广泛性、开放性、持续性，技术创新与体育智慧化升级得以形成一个常态化的良性循环。

2. 资源整合

相比传统体育，智慧体育更强调应用广泛覆盖的信息感知网络，实现体育行为中物与物、人与物、人与人之间的全面互联、互通、互动，以供给随时、随地、随需、随意的体育应用及服务。智慧体育突破了传统体育纯物理环境的局限，将体育行为物理空间和数字空间有机衔接起来，通过无处不在的信息网，对现实体育行为进行全面测量、监控和分析。体育运动由此突破了时间与空间的制约，实现"线上—线下"资源的互联与共享，进而有助于实现各类体育资源优化配置和最大化利用。

各主体、部门、行业间的边界和壁垒是传统体育存在的一大问题，这些壁垒的存在使原本存量巨大、彼此相连的体育资源处于封闭化、割裂化，难以得到有效开发、应用。而智慧体育致力于实现对资源的开放、协同、有效整合，在跨级、跨域的服务平台之间实现数据的共享和系统的集成，不同终端的运动数据可以实现同步更新、实时迁移、随意切换，不同设备可以实现同步接入、资源共享，最终使体育真正成长为一个内涵丰富、自我生长、不断完善的"生命体"。更为具体的是，智慧体育通过开放平台的搭建，为体育数据价值的高效率、高质量呈现奠定基础，通过对海量资源的深度挖掘，发现资源价值。同时，通过体育参与者和谐高效的协调运作，为用户供给高效率、低成本、多层次的体育服务。

智慧体育具备突出的资源整合特性，对体育参与者及体育运动本身等方面均具有积极的作用。对于体育用户，资源整合拓宽用户选择的空间，使用户更了解自己的运动现状，并为选择最合适的运动方式、运动场地、运动强度提供建议。对于运动设备供给者，资源整合使其掌握更多用户资源、更了解用户需求，为运动设备的更新、契合用户服务的供给提供便利。对于政府，资源整合利于政府对体育运动开展状况的把握，为政策制定及决策实施提供支持。而对于体育运动本身，资源整合使体育内部自成一个可持续的生态系统，并不断向旅游、教育等多领域拓展交融，不断丰富自身内涵。

3. 需求契合

智慧体育强调对需求的管理和及时响应，以推动体育运动与多方需求相契合。不同主体对体育的需求具有天然的差异性，又由于体育本身具有多元价值，即使是体育运动参与的同一主体，参与体育运动的需求也各不相同。例如，用户主体参与体育运动就具有提升身体素质、保持健康、休闲娱乐、社交等需求。智慧体育需要针对这些来自不同人群、层次的需求，进行采集、梳理、归类和规范化，按流程管理，并利用数据形成定制化方案，生成更具个性化的产品与服务。一般地，智慧体育可以通过网站信息平台、手机 APP 客户端等途径发布多样化的体育信息，供体育参与者选择。同时，这些平台及设备可以及时采集用户需求，并对需求进行汇总、分析，为场馆设计、设备完善、赛事呈现等体育产品与服务提供改进意见，完成需求响应。更为智慧的是，智慧体育可以通过传感器配套设备对运动信息进行读取，挖掘运动参与者潜在需求，做到"比用户更懂用户"。

由此，对需求的积极响应使智慧体育更具交互性，既包括人与人之间的交互，也包括人与物，甚至和物与物之间的交互。智慧体育构建了一种全向的交互模式，不仅包括运动员与教练、赛事观赏者之间的交互，运动参与者之间的交互，更包括人与器械、场馆、城市之间的交互。完备的基础设施及无所不在的信息联动，使智慧体育为不受时间地点限制参与体育运动、感受运动魅力提供可能。同时，器械、场馆等设备与空间也不再是一个静态的概念，而能了解用户的需求与偏好，记录用户的运动历程，甚至引入一定的运动场景，使运动更生动、更科学、更有魅力。

2.2 如何建设智慧体育

智慧体育不仅是一个虚化的理念，更体现在具体的实践活动当中。体育大数据、VR（Virtual Reality 虚拟现实）体育等一系列全新的智慧体育模式相继出现，智慧体育政策、法规、标准等制度文件相继出台，智慧体育安全、运营、管理等话题广受关注，智慧赛事、体育旅游、智慧体育大平台等概念走入大众生活，体育的面貌已然发生翻天覆地的变化。用户参与体育运动的渠道更为多样，方式更为生动，体验更为优质。同时，一大批全新的体育产业兴起，为体育发展注入全新动力，更推动体育价值多元、高质实现。此外，体育与体育外各元素之间的联系日益密切，多主体间的相互合作以及多领域间的相互渗透，日益成为一种常态。

透过纷繁复杂的实践活动不难看出,智慧体育建设是一项涉及多方主体、多重要素的系统性综合工程。想要探究"如何建设智慧体育",必须把握这一系列纷繁复杂的实践活动间的内在联系,梳理智慧体育的建设逻辑,明确智慧体育的基本构成,进而明确应当从哪几个方面着手开展建设活动。建设智慧体育,需要在对"什么是智慧体育"形成清晰界定的基础上,对智慧体育的体系架构进行探究。

2.2.1 总体架构搭建

所谓智慧体育,简单来讲就是大数据、云计算、物联网等新一代信息技术作用于体育领域的结果。智慧体育在保有竞技体育、全民健身、体育产业等基本架构的基础上,有效整合教育、医疗、旅游、文化等"体育+"资源,形成一种比较高级的体育生态系统。这一系统的构建,离不开先进技术的驱动,离不开政策、法规、标准等多方力量的保障,更需要体育金融、体育旅游、体育医疗等"体育+"衍生产业的落地化实践创新。

1. 先进信息技术与体育运动相融合

智慧体育是先进信息技术推动的产物,其实现离不开大数据、云计算、物联网等新一代信息技术的作用。将技术融入体育,为传统体育注入新鲜血液,推动体育实现智慧化。

其中,大数据技术发挥其在数据采集、存储、处理、分析、应用等方面的优势,从海量数据中快速获取有价值的信息,挖掘体育数据背后的秘密。通过数据挖掘与分析整合,可以为体育运动用户提供更具科学性、专业性、个性化的运动建议,对体育相关企业生产经营方向进行调整,并对政府体育政策的制定、监控、落地提供更有针对性的建议。

云计算技术为智慧体育提供新型的服务管理模式。凭借在虚拟化及容错特性方面的优势,云计算技术将体育相关软件、硬件及数据资料紧密连接起来,并可根据实际需求进行结构体系调整,实现动态增量数据的存储与管理,为体育的一系列智能决策,提供计算和存储能力支持。甚至可以依靠可靠的调度策略,实现对体育资源的高效即时分配。

物联网技术为智慧体育提供信息基础设施支持。通过将传感器网络与射频识别装置连接在一起,物联网构建出一个覆盖所有人与物的网络信息网络,实现物理世界与信息世界的无缝连接。通过物联网技术,体育场地、运动设施等客观世界中现实存在的"物"走上虚拟的网络世界,开始拥有数字化、信息化、智能化的属性,并通过智能接口彼此连接,更好地为用户服务。

由此可见,智慧体育之所以"拥有"智慧,离不开信息技术的支持。如今,各项信息技术被广泛应用于竞技体育、全民健身、体育产业等领域。体育运动用户正在享受科技带来的红利,使运动健身更科学、更高效、更友好、更专业;世界一线的体育品牌,正加紧布局一系列高科技体育产业发展模式;政府机构正尝试在体育决策制定、体育管理、体育服务中,更好地发挥技术的力量。

更为重要的是,技术与体育结合,诞生出全新的智慧化体育平台。智慧化体育平台集场馆预约、教练预约、赛事播报、资讯查询、运动社交等多种功能为一体,实现各方数据的串联与共享,对用户、企业、政府三方都具有积极的意义。

2. 竞技体育、全民健身与体育产业的基本架构

智慧体育着力发挥先进信息技术对体育领域的作用,但并没有改变竞技体育、全民健身、体育产业的基本架构。其最终目的在于以技术力量推动竞技体育、全民健身、体育产业更好地发展。

在竞技体育方面,信息技术促进了运动员训练方式和技术的发展,极大地提升了运动训练的科学化、专业化水平。例如,大数据、物联网技术配合可穿戴设备,可将运动员健康状况与运动指标等数据实时上传,并通过智能整合、分析、比对,生成智能化运动指南。同时,信息技术推动了竞赛设备的进步。融合新技术的新型塑胶跑道、运动跑鞋,推动运动员们突破极限,创造出更优异的成绩。并且信息技术能够有效地促进竞技体育赛事管理与裁判更趋科学,真正做到公平、公正、公开。此外,信息技术加速竞技体育赛事的传播。移动互联网、虚拟现实等技术,使竞技体育赛事打破时间与空间的界限,在全球范围内传播,使竞技体育"更高、更快、更强"的理念更加深入人心。

在全民健身方面,先进信息技术着力解决用户"去哪儿健身""如何科学健身""如何个性化地指导健身"等问题,使用户享有更科学、更专业的运动指导,更便捷、更高效的运动体验,以及一站式运动健身服务。同时,为政府全民健身政策的出台、调整提供数据支持,对政策效果与实施情况进行智能化监控,并对运动健身服务的落地提供资源渠道和要素保障。

在体育产业方面,先进信息技术通过对数据的整合、处理、挖掘,指导企业即时、准确地认知自身产品及服务的优势与不足,剖析用户偏好,对用户需求进行有效管理、及时响应,进而实现自我升级、自我优化,以数据指导企业调整生产经营方向,更好地实现良性发展与竞争。同时,政府可以通过对全民运动数据、体育产业数据的监控,即时调整产业政策,推动体育产业体系更趋完善、结构更趋优化、区域发展更均衡,有效地激发市场主体的活力和创造力。

3. 整合"体育+"资源,发展衍生产业

资源整合是智慧体育的一大特征。在先进技术的作用下,体育系统通过标准化接口与智慧城市中的旅游、医疗、教育、物流等智慧系统进行连通,共享基础数据,进行多方面的对接和配合。

教育、医疗、旅游、文化等"体育+"资源通过有效整合,形成一种比传统体育更广大、更高级、更智慧的体育生态系统,使体育从一个"小体育"的概念成长为"大体育"的概念。"体育+"创造了体育旅游、体育医疗、体育金融等衍生产业,众多复合型产业和跨业融合新业态也应运而生。而这些新业态也已成为智慧体育落地化的重要实践形式,使智慧体育更具发展潜力,更能走向大众,更好地满足更广泛用户的需求。

4. 更趋完善的保障体系

智慧体育建设作为一项系统性工程,离不开多方主体的支持,也受到国家政策、经济发展等多重因素影响。智慧体育的健康、高效、有序发展,离不开保障体系的支持。保障体育的建立可以为智慧体育发展提供必要的规范和指导,或是构成约束,也可提供支持力量,驱动智慧体育提质增速。智慧体育保障体系内涵丰富,较具代表性的包括智慧体育政策决策、法律法规、标准规范、安全保障、运维管理等,贯穿智慧体育规划、建设、运行、革新的整个过程,是智慧体育总体框架中不可缺少的一部分。

更具体一点,政策决策、法律法规、标准规范等每一方面又可划分出多个层次,渗透到智慧体育发展的每一环节,实现全方位的保障作用。例如,在安全管理方面,便包含物理安全、网络安全、数据安全、系统安全、应用安全等内容,既包含体育基础设施、运动设备等实体领域的安全性,也包括体育资源数据、体育基础网络传输等虚拟领域的安全;既包括体育产品、服务成果本身的安全性,也包括用户参与体育运动过程、使用体育运动产品的安全性,可谓系统而全面。

除在覆盖范围上更具优势外,智慧体育保障体系相比传统体育保障体系更强调新技术的作用。例如,政府政策的制定告别传统"拍脑袋"决策的方式,而更多依据数据的分析与判断,结合人工经验,进行科学决策。同时,智慧体育保障体系与具体的方案

实践联系更为紧密。例如，运营维护、安全保障等往往作为重要的建设层面，整体嵌入智慧赛事方案设计中，推动赛事平稳、优质开展。总之，智慧体育保障体系的建设，使体育保障告别从前孤立、缺位等不足，与智慧体育建设各个部分紧密结合在一起，发挥其不可以替代的作用。

2.2.2 智慧体育大脑

总体架构的搭建，对"如何建设智慧体育"这一问题进行了全面立体、兼具系统化的解答，但仍停留在一个相对宏观的概念上。而架构的落地需要一个个具体化工程，其中，智慧体育大脑便是最具代表性的工程之一。

智慧体育大脑的概念来源于城市大脑，并随着近年来城市大脑热度的不断升温，逐渐成为业界讨论的焦点。对于智慧体育大脑，目前尚未形成一个统一的定义，更多的是作为一个营销概念而存在。但这并不意味着智慧体育大脑是一个依附热点生造出的虚大于实的概念，其存在源于体育发展的实际需要。一方面，体育系统仍然建立在彼此独立的信息模块之上，加之体育系统本身是一个存在多个主体、多重要素的复杂体系，造成海量数据信息散落在各个行业和领域，"信息孤岛"现象相对普遍，资源利用率低。另一方面，政府等体育管理者，面对庞杂的体育数据，难以及时反应，高效做出最佳决策，决策效率、质量均难以得到保障。

同时，从部分城市已发布的城市大脑建设规划中，也可以窥见智慧体育大脑的冰山一角。例如，杭州市 2018 年发布的《杭州城市数据大脑规划》中，虽然没有明确提出"智慧体育大脑"的概念，但对智慧城市大脑的概念及体系进行了详细阐述，并立足 2022 年杭州亚运会，将"智慧亚运"列为城市大脑的主要内容。根据亚运会的场馆设施、赛事规模、运动项目、参与人数、保障服务等内容和需求，利用人工智能、大数据、物联网、虚拟现实、增强现实、5G 通信、北斗差分毫米定位等信息技术，建设统一、高效、安全的智慧亚运体系，实现对亚运会前期筹备、赛前运行、赛时组织、赛后转型等工作智能化管理和应用。由此可见，智慧体育大脑是智慧体育建设的必然产物，尽管目前尚不成熟，但已在不断地理论探索与建设实践中逐步走入大众的视野，并转化为部分落地化的成果。

体育大脑是"城市生命体"理论和"互联网＋现代治理"思维的综合产物，聚焦体育信息流动的问题，着力提升体育相关决策的科学性、有效性。主要的服务对象是作为体育管理者的政府部门，以技术的力量使体育告别"神经系统"建设和有限关联的"初级智慧"状态,实现真正意义上的智慧。体育大脑之所以被称为"大脑",是希望能够像人类大脑一样,具备全局感知、及时反应、自主决策、协调各方的功能,向着与人脑高度相似的方向进化。探究人脑的运作方式,可以发现人脑功能的实现需要以下三大系统合力实现:一是感觉神经系统,将体外信息传入脑内,进行有效汇总;二是中枢神经系统,对信息进行处理分析,生成决策,驱动身体做出回应;三是运动神经系统,驱动肌肉、内脏、腺体,将脑的决策付诸实行。相似地,智慧体育大脑拥有数据系统、分析系统、执行系统三大组成部分(如图2-1所示),进而形成"发现—决策—行动"的完整闭环。

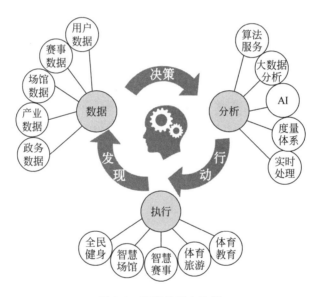

图 2-1 智慧体育大脑图

数据系统类似人脑的感觉神经系统,负责数据的感知与整合。一方面,运用云计算、大数据等新技术,采集、整理人力所不能处理的超大规模全量多源数据,实现人与人、人与物、物与物的信息交流,使人类社会、信息空间和物理世界融为一体,进而实现对整个城市的体育运行状态的动态感知与实时监测。另一方面,遵循统一规范、安全可控、充分共享的原则,接入政府、企业、社会团体、运营商等海量多数据源,将跨区域、跨层级、跨部门、跨时间的体育运动数据集中在同一平台上,实现数据间的互联互通、融合共享,以数据的集成化推动管理分析和统筹规划的集成化,为决策制定奠定良好基础。

分析系统类似人脑的中枢神经系统，负责数据分析与辅助决策。通过数据系统汇集的海量感知数据资源，利用现代人工智能技术，可以洞悉人力难以发现的复杂隐藏规律，形成基于机器智能模式的对体育运动发展态势和状态的认知，进而提出超越人类决策局限性的全局最优决策方案。相比人力分析决策，语义分析、统计推理、深度学习、演绎推理、知识表现等方法会对复杂的体育数据进行综合分析，庞大的数据基础极有可能挖掘出新的管理与服务规律，提供全新的决策视角，并对未来可能的发展趋势进行合理化预测。

执行系统类似人脑的运动神经系统，负责将分析系统得出的决策落地化。执行系统产生的一系列超级应用覆盖多个领域，包括智慧赛事、智慧场馆、智慧体育教育等。这些应用建设源于分析系统的决策成果，因而更具有科学性，更能充分、有效、合理地发挥各自价值。同时，应用的落实过程处于体育大脑系统的控制当中，可以有效避免决策执行出现严重偏差，并能在突发状况发生时，进行及时有效的应急处理。此外，这些智慧体育应用于落地过程中会源源不断为体育大脑提供反馈，这些新的反馈数据会被数据系统吸纳，进而投入到体育大脑的运作闭环中，推动整个系统不断实现自我优化。

智慧体育大脑运作的核心在于以技术力量，推动决策优化。凭借以感知化和互联互通为特征的数据系统，以及综合智能的分析及智能系统，体育大脑在空间上打破了数据信息间的壁垒，强调不同主体、要素间的共享、开放、协同。同时，体育大脑突破了人类决策能力极限，通过强大的资源整合、及时反应、自主学习能力，实现更精准的动态把握、更智能的资源调配、更高效的应用落地、更前瞻的规划预测，进而使体育决策与建设更加智慧，更能满足广大用户的需求。

第3章 揭秘智慧体育生态

透过智慧体育的内涵解读不难看出,智慧体育是一个集合多主体、要素及相互关系的高度开放、彼此影响、可持续发展的完整整体。依靠内外部能量、物质和信息的动态交换,为整个系统的发展壮大及良性运转提供源源不断的能量,具有整体性、层次性、开放性、动态性等特征。这与生态系统中各种生物彼此依存、相互作用的状态极其相似,因此,我们不妨将智慧体育视为一种特殊的生态系统。

3.1 传统体育生态解构

体育的智慧化转型升级,是一个从低级到高级、从简单到复杂的发展过程。是一个从各产业链孤立存在的传统体育生态,经过主体、模式、业态、流程多方面的革新,一步步成长为各要素相互联系、相互制约的智慧体育生态的过程。在传统体育状态下,体育生态相对简易,以次序链式状态呈现,产业链与产业链之间缺乏联动,因而不能称得上一个真正意义的生态。传统体育生态的不完善性,使其难以实现有效循环。于是,传统体育生态的解构与智慧体育新生态的构建,便成了必然的结果。

3.1.1 传统次序链式生态

传统体育生态呈现出有次序的链式状态,即存在多种形式的产业链,但受到技术水平等因素的影响,产业链间缺乏有效联动,难以形成一个完善的生态系统。

产业链的概念,最早产生于17世纪经济学家亚当·斯密关于分工的卓越论断。他给出的定义是以某一产业为主导,通过技术、经济、社会法律关系等途径,链接上下游各企业、部门及经济组织,形成相互依存、彼此影响的有机链条。产业链的存在,对体育产业的发展,乃至整体经济的发展,都发挥着至关重要的作用。国家体育总局原副局长赵勇在《新时代中国体育产业发展战略路径和对策措施研究》中指出,"现代经济要做大,关键要靠抓产业链"。体育产业链的形成及配套体系的建立,发挥了独特的集聚效应、辐射效应和带动效应,使经济能够实现乘数增长、倍数增长。

产业链、产业生态的构建,关键在于将基于生产流程、具备投入产出关系的企业,链接形成生产服务体系。这一过程的实现,需要政府、企业等多方主体的共同努力。特别对体育而言,其不仅是一种产业,还是一种文化、一种事业,既具有市场属性,又具有公共服务性,因此更需要多方协同构建。因此,体育产业链、产业生态的构建,除可以通过市场化模式外,还包含政策一体化模式,以及在技术、制度共同作用下形成的介于政策构建与市场构建之间的其他模式。较具代表性的模式包括以信任为基础、依靠社会关系建立的关系型构建模式,以分工为基础、凭借优势互补的模块化构建模式,以核心企业为主体、其他业务企业为从属的领导型构建模式等。

回归传统体育生态,传统体育已通过多种模式,依据不同的需求,建立起多样化的体育产业链,并聚焦产业链各环节优化,通过沟通协调机制、利益分配机制、竞争选择机制等多样化机制的建立,提升产业链的稳定性与竞争力,实现产业链的高效持续运行。而综合各体育产业链,我们可以归纳出传统体育产业链的一般性架构(如图3-1所示)。传统体育产业链两端分别链接着供应商与用户,传统体育经过场馆、器械等基础设施建设,赛事、用品等产品服务设计,通过运营方案与媒介渠道选择等一系列流程,经过基础资源供应方、内容供应方、运营服务供应方三方主体,最终服务于用户。

图 3-1　传统体育产业链图

从供应方到用户的传统体育产业链一般性架构中可以看出,一条完整的产业链以产业内部的分工和合作为前提,包含多种主体及多样化的链接关系。其中,基础资源供应方提供体育运动所必需的场地、器械等硬件设施,及赛事IP等软件基础,占据产业链的上游资源端,是体育运动得以顺利开展的前提。内容供应方在基础资源的基础上,提供体育产品及服务;运营服务供应方则负责对体育产品服务进行运营推广;两者共同占据产业链的中游产品端,是整个产业链的主体部分。而用户是体育产品、服务的使用者,占据产业链的下游消费端,是产业链服务的对象。一条完整的产业链中,下游环节会向上游反馈信息,并在上游提供的产品和服务价值基础上实现价值增值,这一价值增值的过程,最终会持续到用户环节,归结于满足用户需求。

传统体育产业链基本形态与其一般性架构基本相同,但也存在个性化特征。在传统体育生态中,产业链与产业链之间的联系并不紧密,产业链的种类又是纷繁复杂的。如依据导向对象的差异,可以划分为资源导向型体育产业链、产品/服务导向型体育产业链、需求导向型体育产业链、市场导向型产业链等;依据运动项目的差异,可以划分为足球产业链、冰雪运动产业链、马拉松产业链等;依据行业差异,又可以划分为体育用品产业链、体育场馆服务产业链、体育竞赛表演产业链等。

随着技术的进步以及体育自身的发展,各产业链渐趋优化、完善,传统体育生态发生了一系列新的变化。一方面,体育产业链种类日渐丰富,包含元素日趋多样化,呈现出横向拓展的特征。不同于最初的基于生产关系的简单次序排列,产业链向着用户核心的方向逐步优化,用户需求逐渐成为产业链建设的出发点与落脚点。以体育场馆服务产业链为例,该产业链开始聚焦用户对场馆存在的运动训练、娱乐观赏等多元化需求,除在体育场馆的建设环节中不断提升专业性,更将展会商贸、赛事运营、文艺汇演等服务供给元素融入产业链当中(如图3-2所示)。

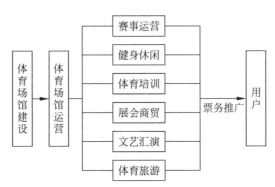

图 3-2　体育场馆服务产业链图

资料来源:赛迪顾问,2018.05

另一方面,体育产业链依托自身产业核心,不断向上下游延伸,链与链之间的联系日趋紧密,呈现出纵向延伸的特征。体育产业链参与主体更趋于多样化,向上游延伸进入基础资源供给与技术研发领域,向下游延伸进入市场拓展与产品应用领域,甚至于与衣、食、住、行、游、购、娱等体育外领域相结合形成一系列衍生产业,产业链的复杂程度明显提升。且相比单向次序排列,产业链越来越重视挖掘各要素之间的关联性,强调用户、云、端各要素之间的多维、动态互动,表现出环环相扣的关联关系。以马拉松产业链为例,产业链由路跑赛事本身向上下游延伸,不仅涉及运动者、广告商等构成的与赛事直接相关的赛事内经济,更涉及基础设施供应方、媒体营销方等相关主体,深入挖掘赛事 IP,形成网络结构上有关主体及要素的集合(如图 3-3 所示)。

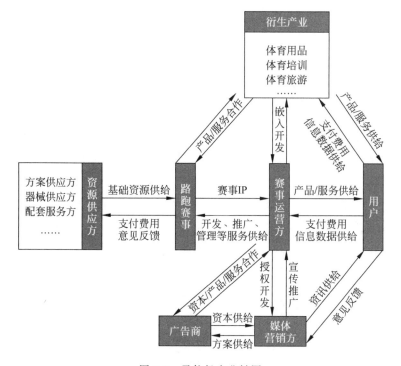

图 3-3 马拉松产业链图

无论是横向的拓展或是纵向的延伸,产业链均向着更广领域、更多主体方向不断完善。产业链的拓展和延伸接通了断环和孤环,实现利益共享、风险共担整体功能,并衍生出一系列新的产业链环,增加了产业链的附加价值。由此,有次序的链式状态逐渐演变为网络化形态,力争通过在主体与主体、要素与要素之间建立更紧密、更多样的联系,避免同质化竞争,满足用户更多元化的需求。传统次序链式生态这种基于各体育参与主体内在联系,以链的形式形象描述环环相扣的主体关系,作为一种极简版的生态系统,在内外部因素的双重作用下,已越来越不能适应体育发展的要求。

3.1.2 先天不足与外来冲击

传统次序链式曾在较长一段时期内，代表体育生态的主要形态。但这一生态形态先天存在不足之处，并随着技术革新及由此产生的全球化等多重外在动因的影响下，内含弊端日趋显著。伴随体育的转型升级，各产业链呈现出横向拓展与纵向延伸的趋势，次序链式生态逐渐丧失其代表性。传统生态的解构与新生态的构建，开始成为体育发展的必然选择。

1. 传统体育生态先天不足

传统体育生态是一种有次序的链式状态，大多数产业链呈现上游、中游、下游的直线性链接，而这与体育产业所具有的强关联特性并不相适应。体育产业具有较强的价值关联性，各主体之间往往存在复杂而多样的联系。即使小到一场赛事的顺利举办，都需要体育爱好者、赛事组织方、器械供应方、场馆运营方、营销传播方等多主体的分工合作，涉及赛事活动管理、版权分销、新媒体服务等多个不同领域。而产业链与产业链之间也并非封闭孤立，或资源互补，或合作协同，具有天然的联系。

同时，产业链难以穷举。不同机构、不同项目均具有自己的产业链。而随着技术的进步，更多的主体与要素参与其中，以多种形式产业链的堆砌来描述一个生态，其可行性显然越来越低。而随着体育的不断发展，各产业链的创新性、个性化要素逐步增多，呈现形式日趋多样，也使通过综合各产业链搭建的传统体育产业链一般性架构的代表性被逐步削弱。于是，亟须建立一个更具代表性的全新体育生态架构，以适应当代体育发展的需要。

此外，传统体育生态的不足，更体现在基础逻辑的偏离。次序链式生态遵循的基本逻辑，在于体育产品、服务的生产流程，关注点聚焦于供给端。但归根溯源，产品服务的供给，以及不同主体与不同主体之间的互动，最终目的均在于满足用户的需求。因此，体育生态是一个具备目的性的人为生态，其中心目的在于更好地满足用户的多样化需求。而对传统产业链优化的已有措施，也证实了这一点。体育生态是一个复杂的整体，其建设运转的基本逻辑在于通过不同主体、不同要素的良性互动，打通核心产业链与附属产业、基础设施、外部性产业等之间的关系，使其在不偏离中心需求的前提下，保持自我更新、自我完善，进而实现价值的最大化。

再者，面对用户迅速膨胀的需求，以及衍生出的诸多细分市场，简单的链式状态显然不足以呈现体育生态的全貌。体育生态的持续健康运转,离不开外部环境、外领域主体等多方力量的支持,而这正是传统体育生态所缺失的。其中,环境是对体育主体活动起到辅助作用的各种力量的综合,包括发挥支撑作用的新兴技术、发挥调节作用的政府政策、发挥保障作用的法律法规,及助力体育发展、运行的其他经济社会要素。这些要素本身自成体系,看似独立于体育生态之外,实则是引导体育生态走向良性或恶性的导轨,是激发体育活力、抑制边缘行为、维持健康运转的关键。此外,随着体育的持续发展,体育生态外延不断扩展,与教育培训、金融服务、医疗健康等外领域建立联系,并孕育出体育旅游、体育培训等全新的衍生产业。于是,外领域主体逐渐步入体育生态体系中。外部环境、外领域主体等多要素的融入,不仅符合体育发展的客观规律,更提升体育产业柔性,使其可以根据市场需求、产业生命周期阶段、经济形势、政府政策等方面的变化随机应变,保持体育生态时刻充满活力,与时代发展相契合。

2. 技术革新冲击传统生态

科学技术是第一生产力,技术的革新对传统产业格局和生态的影响是巨大的,甚至是颠覆性的,体育产业也不例外。伴随技术在体育领域渗透与应用的逐步深入,所产生的是一系列新理念、新格局、新模式,以及通过多项融合实现的聚合涌现效应,对传统体育生态造成了巨大冲击。在技术的冲击面前,传统体育生态更暴露出固有的不足之处,加速传统体育生态解构,进而重构产生智慧体育新生态,促使体育迸发出新的强大生命力。

技术革新,特别是大数据、云计算、移动互联网等信息技术的革新,最为直观的表现在于打破时间与空间的界限,降低沟通成本,提升沟通效率。技术革新大大降低了信息的不对称性,拉近体育生态中各主体间的距离。而更便捷的沟通建立更紧密的联系,联系拉动能量、物资和信息的动态交流。主体与主体之间、产业链与产业链之间相互作用、交流互动,内部资源不断整合,更容易实现资源互补,激发协同效应。新技术强调互动、平台与聚合效应,相比传统生态中产业链并立、同质化竞争丛生,新技术促使各生态主体及产业链从追求竞争优势,向合作共赢方向发展,以期形成多方良性互动关系。平台与融合优势,促进体育产业多维整合发展,使体育生态真正成为一个整体。

合作与协同不仅体现在传统体育生态内部各主体、要素中,更体现在体育与外部主体、要素的联系上。新技术为体育产业跨行业、跨部门、跨时空资源整合发展,提供了广阔的空间。产业发展的方向在于融合,技术作用下的产业界定日渐模糊,传统产业间的零和博弈原则,逐步被以更好的产品服务用户的原则所代替。而具体到体育产业,技术作用于体育产业,跨越不同的领域、行业、文化,将许多原本与体育无关甚至不相兼容的要素与体育相连接,各种新主体、新要素融入体育生态。不同主体、要素以极低的成本实现网络化复杂链接和价值传递,实现互动和协同,拓宽体育生态外延,为整个体育生态提供可持续发展的能量,推动体育生态不断扩张完善、进化升级。

技术革新在为各实体主体跨时空沟通提供便利的同时,也为虚拟数据的跨时空传播提供便利。技术革新推动数据传播速度与能力的提升,以及数据处理与应用能力的增强,促使数据价值在不同主体之间实现快速、精准、便捷的传递。新技术将体育带入一个结构化与非结构化数据的新时代,数据的价值得以充分彰显。数据使对用户信息与需求的精准把握成为可能,并同时带来了消费前置。从设计、生产到营销、传播,体育产品服务提供商、运营商等各主体开始以用户需求为目标,进行更有针对性的产品服务供给与提升,产品与服务的定制化、个性化、智能化程度不断增强。用户开始影响产品与服务的供给,甚至参与到体育产业决策中,在体育生态中的位置日益突出。新技术促使传统的生产、营销、消费流程走向瓦解,劳动分工逐步回归到首尾一贯的流程中,体育生态开始实现从"产品中心"向"用户中心"的转变。

3.1.3 体育生态的解构与重构

传统次序式生态存在先天不足,加之技术进步等外来冲击,逐步走向解构。但其并非被完全抛弃在体育前进的潮流之外,而是以一种新的形式,重新构建,进而形成新生态。一方面,体育产业链作为一个简易的生态系统,成为分析庞大体育生态的最好切入口。事实上,相比较为宏观的完整生态,对一条条具象化的产业链进行规范与方向指导,反而更具有可操作性。由关键产业链出发,再到产业整合、产业集聚,进而拓展到产业生态建设,反而更符合一般逻辑。另一方面,智慧体育新生态并非凭空出世,而是传统体育生态自我革新、自主完善的结果。传统生态中分工与协同的思想,更是被继承下来,并在新生态中得到更充分的发扬。因此,体育生态从产业链到生态圈,遵循的是解构与重构的基本法则。

1. 生态主体的解构与重构

解构与重构的法则作用于生态主体,集中体现为以下两个方面:一是新主体的诞生与加盟，对传统生态体系造成冲击；二是传统生态在吸纳新主体参与的同时，对固有主体进行改造升级，使之重新融入体育生态中。

伴随着技术进步，互联网企业等一批全新的主体诞生，并开始进入体育领域。以阿里巴巴、腾讯等为代表的互联网企业纷纷将目光瞄准体育产业，并凭借对新技术更透彻的理解与应用、更强的用户黏性、更高效灵活的成长模式等优势，对传统体育生态带来冲击。例如，阿里体育集团2015年正式成立，提出以数字经济思维创新发展体育产业链。2015年，签约赞助Pac-12联盟，获得NCAA在华赛事的独家转播权。2016年，获得NFL在中国大陆地区的媒体播映权，启动原创电竞赛事WESG，创建电子竞技开放平台，与世界橄榄球联合会、国际泳联结成合作伙伴。2017年，加入奥林匹克全球合作伙伴（TOP）赞助计划，成为国际奥委会在"云服务"及"电子商务平台服务"领域的官方合作伙伴以及奥林匹克频道的创始合作伙伴；并响应"全民健身"号召，创造性推出"88全民健身狂欢节"；与国际滑雪联合会签定框架协议，共同推行"爱上雪"计划，为2022年冬奥会"三亿人上冰雪"夯实基础。

互联网企业主要通过资本注入和逆向布局两种方式，逐步深入到体育产业。其中，资本注入指互联网企业凭借自身的资本优势，向体育产业注资；而逆向布局是指基于自身核心业务，立足互联网平台，利用自身用户、资本等优势，向体育领域延伸，进行全产业布局。而无论应用哪种方式，新兴互联网企业均已成为体育生态中不可分割的一大主体。

互联网企业的加入扩充了体育主体范围，但并未将传统体育主体挤出体育生态。传统体育企业、政府、用户等主体，仍是体育生态的重要组成部分。但为应对新主体的挑战，适应体育发展的要求，传统主体开始认识到新技术的价值，将其应用到自身产品、服务、配套供给中。这种传统主体的自我革新，并不局限于将传统产业状态转移至互联网线上平台，而在于提升自身智慧化、整合化的程度，进而使传统主体实现自身范围的扩张、内容的细分、功能的完善。例如，体育器械供应方一直是体育生态重要的一环，随着技术革新，逐渐演变为智能器械供应方，负责可穿戴设备等智能体育装备的生产与供给。而在传统体育生态中，出于成本—收益等考虑被边缘化的小众体育用户，伴随新技术带来的信息、渠道细分化，其需求外显和服务供给正成为可能，并逐渐成为体育用户主体中不可分割的一部分。

传统主体与新主体资源共享、优势互补，共同服务于智慧体育新生态。例如，李宁与小米合作开启线下体验、线上购买的全新O2O售卖模式，探索体育"数字化"经营方式。贵人鸟则与虎扑体育、景林投资共同发起创立总规模达20亿元的体育产业投资基金,投资囊括"互联网＋体育"、O2O体育服务、智能设备等在内的体育产业细分领域,开启体育全产业链服务企业转型之路。在新旧主体的共同努力下,体育生态蓬勃发展,外延不断延伸,进而吸引旅游、金融等外领域主体加入。甚至形成体育产业联盟等特殊主体,集合各主体力量形成一个全新的主体,搭建体育政产学研多方交流互动平台。

2. 运转逻辑的解构与重构

传统体育生态遵循产品服务的生产供给流程,践行类工业化的运转逻辑。而体育的发展伴随着生态圈的扩张,各种创新性服务模式和产品不断出现,传统的生产中心向聚焦用户需求的消费中心转变。在保有原本体育产品服务"研发—生产—营销推广"的基本逻辑线同时,整个体育生态开始围绕"如何更好满足用户的多元化需求"运转。

用户消费中心逻辑的确立,相应影响传统的"成本—收益"逻辑。开始从用户端着手,探索通过对用户需求的精准把握,深挖关联性收益,强化品牌形象与忠诚度,使用户主动参与到消费活动中。用户中心聚焦用户多元化需求,发挥消费溢出效益,倒逼产品、服务功能优化,提升体育产品、服务的附加值,进而推动整个产业生态转型升级、自我完善。在用户中心新逻辑的基础上,体育生态又衍生出以下两条逻辑线。

其一,深耕专项领域,提质增效做强存量生态。遵循这条逻辑线,体育生态主体通过新技术的应用及自我革新,探索新技术、新思维对体育产业价值链介入的可能性和深入程度,提升体育产品服务的专业性、智慧性。例如,针对用户对自己运动表现认知、运动趣味性增强、运动建议获取等需求,日本Panasonic、Sony与Mizuno公司联合推出"生体数据"贴片传感器,应用于穿戴式运动设备,通过不同装置搜集数据的串联,给予用户更专业的运动分析,改善用户的运动体验。思科系统公司则积极推动智能型场馆方案,通过云端管理服务平台,实现数据共享,进而实现对场馆安全维护、电子售票、进退场等活动的一体化管理。在体育主体深耕专项的同时,必然会推动体育生态向小而美、更轻、更垂直的方向延伸。最为直接的是,会在生态主体方面引入研发主体,并在流程上增加用户反馈的环节,与用户建立良好的双向互动关系。

其二,聚焦跨业融合,以"体育＋"撬动增量市场。遵循这条逻辑线,体育生态走上一条向外扩张的道路,通过探索体育与外领域关系,推动体育产业与旅游、养老、文化、科技、教育等产业融合发展,实现多元变现,创造协同效益。例如,体育＋旅游将体育运动与旅游紧密结合,于运动中看风景,于旅行中享受运动,并衍生出观光型体育旅游、竞赛型体育旅游、健身娱乐型体育旅游等多种模式,通过大规模人员聚集与流动创造消费热点,发挥"1＋1＞2"的效应。相似地,体育＋文化探索体育与文化娱乐联姻,催生体育经纪、体育综艺等多种形式的文化产品,创造不菲的经济价值。总体上,跨业融合选择大而全、更综合、更一体化的方式,于水平方向拓宽体育生态的外延。其关键在于提升体育与多领域的融合程度,将更多主体引入体育生态中,建立更为全面、复杂的联系,进而促进不同产业比较优势得到充分发挥,提升整个体育生态的品质与竞争力。

深耕专项领域推动体育生态垂直向延伸,跨业融合推动体育生态水平向扩张,两者共同作用,统一于资源整合的平台化逻辑中,实现整个体育生态的综合发展。资源整合是体育生态革新最重要的方式之一,其具体体现在产业链与产业链的整合、区域产业集聚、体育产业与相关产业的融合等多个方面,并更为具象的表现为一站式开放平台的建立。平台的核心内涵在于对优质资源的整合、呈现、共享,以及资源与用户的良好对接。小到体育运动 APP、体育社交网站,大到国家体育中心平台、城市体育大脑,甚至是综合性体育场馆、体育小镇等实体,这些均可视为一个个微型体育生态,它们的建设遵循相似的资源整合逻辑。而这种资源整合的平台化逻辑,核心在于协同、共享、合作、开放,在于打破各主体、各业务之间存在的壁垒,通过跨行业、跨部门、跨时空的资源整合,创造聚合效应。智慧体育生态,便是在这样的运转逻辑下逐步诞生的。

3. 构建模式的解构与重构

体育作为一个具备公共性和私人性双重特性的活动,其生态构建模式由市场化模式与一体化模式两端开始发展演化,并随体育发展程度,呈现出不同的侧重点。早期举国体制下,体育生态构建主要由国家垄断,通过行政指令对各环节进行统筹控制。例如,体育生态中赛事版权占据至关重要的位置,有版权才能有运营,进而产生流量。而对体育赛事版权的购买及赛事转播运营,曾长时间被央视垄断。这一局面直到2014年《关于加快发展体育产业促进体育消费的若干意见》出台才有所改善,逐步放开市场准入。如今,市场的力量正在体育生态构建中,发挥着越来越重要的作用。

一方面,包括政府在内的体育生态各主体,从自身出发,对传统生态进行改造、完善,形成新的体育生态。虽然行政力量在体育生态构建中的作用被削弱,政府仍是体育生态最重要的主体之一，对体育生态的发展方向提供决策意见，并通过一系列制度法规的构建，规范体育生态可持续发展。而各企业市场主体，基于自身发展需求，走上技术革新与合作共赢的道路，连点成链、连链成网，推动体育生态向联系紧密、资源整合的整体发展。同时，市场主体出于逐利的本能，积极探索体育发展的新模式，建立体育与领域外元素的联系，推动体育生态走向扩张之路。

另一方面，巨头加速体育产业链上下布局，打造自身闭环生态。传统体育巨头依靠自身具有的丰富体育业务经验，坐拥资本、资源优势，打造良性循环生态。例如，曼彻斯特联盟足球俱乐部（以下简称曼联）成立于1878年，是英格兰足球史上最成功的俱乐部之一，也是欧洲乃至世界最具影响力的球队之一。而它也建立了以赛事内容为核心的体育俱乐部产业链，并逐步扩展为联赛生态，依靠成功的商业运作成为体育品牌商业化的典范。曼联以打造高品质赛事为中心，深度挖掘球迷消费潜力，拓展商业价值，实现利益最大化。在高品质赛事的基础上，曼联拓展赛事转播、新媒体传播、纪念品零售等周边业务，并紧随"互联网＋"潮流，开发线上平台，以用户为导向，以数据为支撑，提供更具个性化和多元化的体育产品、服务，建立自己的体育生态。

除传统体育巨头外，许多体育外领域巨头坐拥资本和技术优势，依靠丰富的流量资源及自身业务优势，从生态圈外围向体育生态内部不断渗透。例如，法国传媒大亨拉加德尔集团通过多元化并购整合，内生与外延并举，最终缔造包括体育营销与赞助服务、体育咨询、体育经纪、赛事内容制作和转播权销售、体育场馆运营、赛事运营、俱乐部和体育院校管理七大板块在内的体育生态，为用户提供一站式专业化体育服务。而阿里体育也依托自身互联网电商积累的技术、流量、资本优势，深入体育产业的各个环节，打造贯穿体育赛事运营、版权、媒体、商业开发和票务等环节的体育商业生态。

3.2 智慧体育生态构建

传统体育生态的解构，伴随着智慧体育生态的构建。相比传统生态，智慧体育生态更强调用户的中心地位，重视各主体要素间的多维动态互动，以及环境对生态系统的影响，更具自我调整、自我更新、自我完善性，且成本更低、协同效应更为明显、抵御风险能力更强，更易实现自我平衡、抵御污染、良性循环，因而更具持续性、生命力。智慧体育生态是一个相对复杂的系统性工程，其构建以信息共享为基础，以体育各参与主体、要素进行解构与重构为方式，以实现风险、成本、利益共担为目标。而化繁为简,智慧体育生态构建的核心在于资源整合,并具体呈现为体育产业链整合、体育产业集聚、体育产业融合等不同形式,可以从不同的侧面对智慧体育生态进行解读。

3.2.1 体育产业链整合

从传统体育生态到智慧体育生态,最为突出的特征在于将原本孤立的产业链连成网。从这一角度看,智慧体育生态是体育产业链整合的结果。所谓整合,即将处于分离状态的事物进行调整、组合、重塑以建立联系。具体到体育生态,即针对体育产业链中各链之间不协调、不配合、重复建设、资源浪费、产业链作用难以充分发挥等问题,突破产业主体间边界,接通产业链中的断环和孤环,相互协调,优势互补,寻求最优的资源组合方式。通过产业链联动及资源空间扩展,修正资源约束条件,实现风险、成本、利益共担的协同效果,进而实现对体育资源的优化配置。

体育产业链整合是一个由点及线、由线及面的过程,逐层递进,最终实现不同产业链间相互渗透、相互作用的复杂生态。一方面,体育产业链通过纵向整合,由点到线,实现纵向深度拓展。体育产业链是基于体育产业内分工形成的链状组织,随着产业的发展,产业内分工日渐细化,产业链不断延长,亟须通过纵向整合对纵向形态资源进行整理、协同、融合,形成对产业链资源的控制和优化。一般地,体育产业链纵向整合主要通过对主导产业的上下游业务延伸实现,着眼于产业链环节的完整性、延伸力、耦合度提升,通过对关键要素、资源的控制、共享,合理配置产业资源,弥补产业链缺失环节,提升价值增值的空间、能力。另一方面,体育产业链通过横向整合,由线到面,实现横向宽度拓展。体育产业链以纵向链状呈现,但每个组成的环节都是一个独立的主体,这些主体规模的大小与实力的强弱,与产业链规模及运行的稳定性密切相关,亟须通过横向整合将产业链由单一线状向多元面状拓展。一般地,体育产业链横向整合主要通过相关产业合作实现,通过横向集群式扩张,密切产业链间关联关系,形成关联性强、集中度高、集群效应明显的新生态。

纵向整合与横向整合交错进行,体育产业链突破孤立局面,相互渗透、相互影响,构成彼此交织的复杂产业网,而这也正与智慧体育生态的基本构建逻辑相符合。因此,智慧体育生态中包含多产业链整合的特殊元素。产业生态包含多个参与主体,不仅包括基础资源提供方、产品服务供应方、用户等直接关联方,更包括研究机构、行业协会等领域相关者参与。产业生态呈现多方良性互动状态,包括多主体间的正向沟通,以及反向反馈的过程,由此形成各主体以需求为中心的积极双向互动关系。产业生态中,资本、技术等要素的作用日益突出,成为链接各产业链的纽带,并由此造就多要素作用下的动态变化局面,推动体育生态实现自我更新、自我完善。

从产业链整合的角度看,智慧体育生态构建是一个充实、完善体育产业链全景图的过程(如图3-4所示)。体育产业链全景图通过直观的方式,对体育产业链整合成果进行一般性呈现,并对智慧体育生态主要组成部分、基本特征、逻辑流程等进行集中梳理。因此,可以通过对体育产业链全景图的分析,从产业链整合的侧面对智慧体育生态进行解读。

图3-4 智慧体育产业链全景图

智慧体育产业链与传统体育产业链类似,包含基础资源供应方、内容供应方、运营服务供应方等多方主体,并最终服务于用户。但相比传统体育产业链,智慧体育产业链更强调物联网、云计算、大数据等先进技术的支持作用,也由于技术的支持,使体育产品与服务更加智慧。同时,智慧体育产业链深度更长,各主体、细分主体内容更为细致、详尽。例如,基础资源供应方包含方案供应方、设备供应方、技术供应方、信息供应方等主体,供应体育产业运转所必需的方案、设备、技术、信息等基础资源要素;内容供应方则内含智慧体育场馆、智慧体育赛事、智慧体育教育、智慧全民健身等多种产品与服务。再者,智慧体育产业链相比传统体育产业链宽度更广,内含体育旅游、体育健康等"体育+"衍生产业,以及政府、行业协会等关联主体,产业链更为充实,构成更为复杂。多样化的关联主体、产业,也使智慧体育产业链更多地受到政策、文化、资本等外领域因素的影响,与体育外领域联系更为紧密。并且,智慧体育产业链中"平台"开始成为链接用户与供应方之间的桥梁,平台的资源整合与系统呈现功能能得到更充分发挥。此外,相比传统体育产业链,智慧体育产业链各环节间的联系更为紧密,呈现双向互动关系。而这种双向互动关系的存在,也使用户的主体地位得以凸显,用户既成为智慧体育产业链运转的落脚点,也成为智慧体育产业链运转的出发点。

通过智慧体育产业链全景图,可以清晰地看出智慧体育生态构建是一个复杂的系统性工程。生态中各主体既彼此独立,内含各类亚系统及细分主体;又密切相连,在功能上构成一个整体,共同维持生态的稳定运转,更好地满足用户的需求。各主体行为与整体生态系统密切相连,整体生态环境会对系统中各主体活动的开展造成影响,而生态主体(尤其是关键主体)的异常,也会造成整个系统的崩溃。同时,智慧体育生态是一个开放的系统,借助内外部能量流动、物质流动、信息流动、价值流动,维持系统活力。智慧体育生态还是一个有序的系统,系统内诸要素在存在方式上,呈现出格式化的倾向与因素更替作用的规律。整个系统虽然复杂但不失秩序,强调不同主体、资源之间的协调与整合。

但应明确的是,尽管通过智慧体育产业链全景图,可以对智慧体育生态进行形象的呈现与解读,智慧体育产业链全景图却不能等同于智慧体育生态。智慧体育产业链全景图从产业链整合的角度出发,尽管加入双向互动关系,但是其基本呈现形式仍为竖直链状。竖直链状的呈现形式固然逻辑清晰,但在智慧体育生态中,各要素间其实并不完全存在简单的因果或线性依赖关系,而是呈现以用户为中心的扩散式联动状态。且智慧体育生态涉及主体更为繁多,难以穷举,各主体间的联动关系也更为灵活、多样。更为重要的是,体育生态处于一种不断自我成长、自我扩张、自我完善的过程,其具体形态是动态变化的。因此,智慧体育产业链全景图相比体育生态,聚焦于产业链整合一面构建一般性框架,更为微观、具象,但逻辑清晰、特征呈现明确,不失为解读体育生态的佳径。

3.2.2 体育产业集聚

智慧体育生态的构建,核心在于资源的有效整合、应用。这种资源整合在一个固定区域中,突出表现为体育产业集聚。所谓产业集聚,即在某一特定地理空间内,形成上、中、下游结构完整,内外部沟通协调的有机体系,是生态于特定区域内的具象化表现。

体育产业集聚是一种空间上的资源整合、集聚,是对体育产业空间布局机制的优化。空间上的产业高度集中是产业集聚最主要的外在表现形式,体育及相关产业的企业与机构集中于特定的区域空间内,不同产业、产业链形成错综复杂的关联关系,形成资本、劳动力、技术、设备等生产要素的集聚,以及经济、政治、社会、文化等资源的集聚。这种集聚有效改变了产业无序布局所造成的重复建设、资源浪费局面,以借助区域产业间的分工合作、关联互补,实现聚集效应、规模效应、区域辐射效应,提升区域体育产业核心竞争力。

从产业集聚的角度看,智慧体育生态构建是一个通过内部要素流动及外部环境联系,推动产业融合及规模扩张,进而实现体育产业高效、良性运转的过程。智慧体育生态的构建,一方面强调体育产业各要素间的协调能力,重视内部专业化分工协作,促进体育产业链的外延式、内涵式优化,将体育产业空间延伸到高附加值的产前与产后环节,形成一个相互制约、相互促进的有机整体。例如,著名的"纳斯卡山谷"赛车产业集群,除赛车本身的产品、服务供给外,更包含上游的科技研发、零部件生产等产业,以及下游的运输、金融、贸易相关配套,突出产业间的纵向一体化关联。另一方面强调体育功能与外领域产业的复合,重视内外部资源、要素交换,深度挖掘体育产业资源,发挥不同产业比较优势,实现区域产业、资本、人才的全方位协同创新。而在具体实践中,通常采取建设体育产业基地、体育产业园区等方式,落实产业集聚。

为对体育产业集聚建立更直观的了解,不妨选取上海市体育赛事服务业集聚的案例进行介绍。上海市占据优越的地理环境优势,具备雄厚的经济实力,拥有世乒赛、上海田径大奖赛、上海网球大师杯赛等一系列优秀的赛事资源。为充分发挥自身区位优势,提升体育产业竞争力,上海市在体育赛事服务业集聚方面进行了一系列积极的努力。一方面,对现有赛事资源进行深度挖掘。如推动赛事中介、赛事评估等专业化分工,提升赛事的专业度、观赏性。又如对市属、区属体育场馆资源进行整合,加强中大型综合性场馆建设,以及更具柔性的大众健身场馆建设,提升场馆资源利用率,优化资源配置。另一方面,积极开发与赛事相关的产业,包括场馆建设、设备供给、纪念品售卖等,充分开发知名赛事带来的丰富流量资源,加强跨业合作,刺激旅游、餐饮、酒店等领域的消费。

体育产业集聚可以视为一种特定区域范围内的微型生态,空间范围内的产业集中并不意味着对不同产业的堆砌、捆绑,而在于对产业内在联系的挖掘,以及对互补性资源、竞争性资源、垄断性资源的充分整合,以形成更具柔性的完整系统,提升对市场变化、要素资源变动的应对能力。与体育生态相似,体育产业集聚强调各要素间的合作协调与资源共享,及由此产生的规模经济效益与外部经济效应。产业集聚建立在分工专业化与协作的基础上,分工的收益递增会扩大产业规模,辅助体育产业及延伸产业发展,集聚新的生产要素,形成或增强区域比较优势。同时,通过打造区域品牌,将资本、技术、人力等多重资源汇集到一起,实现专业技术、市场、资本的交流、共享,有利于激发一个相对成本优势的区域,多方面降低产品、服务供给成本,提升经济效益。

基于专业化的分工与协作,体育产业集聚形成了与智慧体育生态相似的平衡状态。无论产业生态内各主体或是集聚区域内各主体,其本质都具有自利性,希望在激烈竞争中获得比较优势。竞争压力激发创新意识,希望以差异化产品、服务更好吸引用户,获得超额利润,超额利润又反过来刺激创新发展,以此形成一种良性循环状态。而随着产业规模的不断扩大,当自身实力不足以实现内部规模经济与范围经济时,基于比较优势的合作便成了必然的选择。事实上,多主体间的竞争与合作是体育集聚的重要特征,也是智慧体育生态构建的天然法则。各生态主体之间既遵循优胜劣汰的原则不断提升自我,又在融合共生的秩序下合作共赢,以此形成一种特殊的平衡状态。

此外,体育产业集聚还与生态构建相似,强调挖掘体育外领域要素对体育产业发展的促进作用,特别是环境对整个系统可持续运转的重要影响。体育产业集聚是一种建立在空间基础上的资源整合、集聚,其与城市这一物理承载空间及相应软环境的搭建密切相连。城市基础设施建设水平、经济发展程度、相关产业发展状况、文化传统习俗、政策法规规范等要素,均与体育产业集聚的实现密切相连。这些因素置于智慧体育生态体系中,便被称为生态环境。生态环境是对智慧体育主体活动起到辅助作用的各种力量的综合,是推动生态实现自我发展、自我完善的支持力量,也是维持生态稳定运转的保障力量。

虽然体育产业集聚与智慧体育生态有诸多相似之处，但仍不能等同于智慧体育生态。产业集聚更强调集聚的过程，产业总是从个别优势区域形成增长点，通过产品流、技术流、信息流的集聚，连点成线、由线至网。其中涉及的内外部资源整合路径与特征，与产业生态构建具有高度一致性，而集聚的结果则更像是一种微型的生态。相比智慧体育生态，区域内的产业集聚无须包含所有的体育参与主体，甚至无须拥有整条产业链，其可以选择产业链中某一环节作为发展方向，并以此为突破口不断放大优势环节。于是，体育产业集聚的过程或许符合智慧体育生态的构建逻辑，但集聚的成果却更为精巧，更倾向于一个个更具个性化的微型系统。而随着新技术的发展，部分产业集聚已开始脱离固定区域上的集中，从线下实体转移到线上虚拟状态，开始依托于互联网平台，实现体育产业或相关产业的网状聚集。有别于实体的体育产业基地、产业园，虚拟化的产业集聚更具广泛性、开放性，其以新技术与体育产业的跨业融合为基础，不断成长、迅速扩张，试图建立链接一切体育相关主体、要素的完整系统，实现体育产业的价值创新、结构重塑，推动体育产业转型升级。此时的体育产业集聚所产生的成果，已与一般意义上的实体空间内的产业集聚成果相去甚远，而更靠近智慧体育生态的概念了。

3.2.3 体育产业融合

智慧体育生态相比传统体育生态，包含更多主体、要素，外延更为广泛。突出表现在诸多体育外领域产业与体育开始建立密切联系，通过在更大范围、更深程度上与相关产业的融合，为体育带来一系列新业态、新市场、新理念、新模式，实现体育内外部资源的充分整合。

产业融合是技术进步与产业扩张的必然产物，特别在当今信息技术高速发展、经济全球化稳步推进的背景下，产业间相互渗透、相互交叉、相互作用的特征日益凸显，逐渐成为一种常态。具体到体育产业，体育产业本身具有发展潜力大、辐射范围广、附加值高、带动作用强等特征，具备与多产业交互融合的内在属性，更容易形成产业融合的状态。同时，在多元化、合作性产业经济发展理念的推动下，体育产业更是踏上主动寻求与体育外领域产业融合之路，以实现更广阔的发展空间。

从产业融合的角度看，智慧体育生态的构建是一个通过多主体、要素间建立联系，使整个系统实现资源共享的一体化运转过程。生态的构建需要挖掘不同主体、要素间的通用性。通用性的存在使体育产业与其他产业之间建立多样化联系，促使产业间的界限趋于模糊,进而通过技术融合、业务融合、市场融合等多种融合方式,形成一个整体。这种通用性首先体现在对共同资源要素的应用上。例如,大型体育场馆可以用于举办体育赛事,可以进行文化表演,甚至可以成为休闲旅游目的地,这便将体育、文化、旅游多个产业联系起来。这种通用性,还体现在目标消费群体的一致性上,即用户的需求将各产业紧密联系在一起,形成以用户为中心的完整系统。例如,用户参与体育运动既有实现预防疾病、强身健体的需求,又有欣赏精彩赛事的娱乐需求,也有观光休闲的需求,由此便将体育与医疗、文化、旅游等产业有机地结合在一起。

与智慧体育生态相似,体育产业融合的逻辑出发点在于满足用户的需求。用户对体育运动的多元化需求,促使体育产业积极探索多元化的服务与产品,走上通过产业间的功能互补和产业价值链延伸的融合发展之路。一方面,产业融合聚焦更多、更高层次体育用户需求,创造了许多新产品、新服务,拉动体育产业结构优化升级。另一方面,产业融合为体育产业创造更高的附加值与更广的利润空间,激发更多市场机遇,促进新主体加入。随着新主体的不断涌入,传统业务与市场的边界变得模糊,多产业、多主体、多要素形成共同的技术与市场基础,深刻改变传统体育生态的范畴与内涵。

产业融合是一个多层面、多内容的融合过程,其实现基于体育本体所具有的通用性属性,在政策、经济、文化等诸多外在动力的作用下,形成产业间的渗透、延伸和重组,并与体育生态相似,遵循解构与重构的基本构建逻辑。即产业链中某些环节与原产业链分解,形成相对独立的"价值活动单元",再通过技术、业务和市场路径进行截取与重构,形成新的体育融合业态。其中,技术融合、业务融合、市场融合是体育产业融合的三条基本路径。技术融合指体育与相关产业共享相似技术,是产业融合的基础与最直接条件。业务融合指体育与相关产业进行产业链重构与模式创新,是产业融合的核心与关键。市场融合指通过对新需求相适应的融合型产品市场供应,取得较大竞争优势的结果,是实现体育与相关产业融合的最终结果,标志着新业态的诞生。三条路径相互衔接、相互促进、共同实现,合力推进体育融合新业态的整个过程。

由于各产业间存在一定的差异性,体育产业融合的模式也十分多元与立体。一般地,具有渗透式融合、延伸式融合、互补式融合、重组式融合四种模式(如图3-5所示)。其中,渗透式融合指在技术创新等作用的推动下,将原属于不同产业环节、元素渗透到某一产业中,形成相互交融的新型产业形态。例如,信息技术与体育产业相融合,衍生出丰富的互联网互动与应用,使传统体育场馆经过信息化渗透升级为智慧场馆,将体育用品制造智能化升级为智慧运动设备产业。延伸式融合是指产业基于市场、服务、渠道三方面,从供给与需求两端出发,寻求可能的融合路径。例如,以用户共性需求为切入点,在充分发挥体育产业促进健康的核心功能的同时,拓展旅游产业发展方式,使体育与旅游两大产业发展相得益彰,并催生体育旅游新生态。互补式融合是指在政策、管制、法律层面,打破各部门间障碍,将文化、休闲、健康、旅游多领域元素融入体育产业,扩大体育产业发展空间。重组式融合是指体育产业内部各子行业间,通过上下游产业链重组结为一体。例如,体育竞赛表演业、体育场馆服务业、体育中介培训业,重组融合形成新的体育健身休闲服务产业。

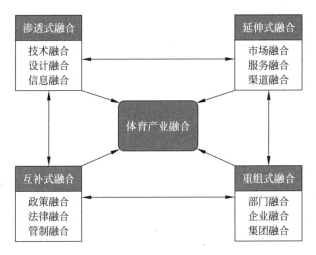

图 3-5　体育产业融合模式图

资料来源:易剑东,郑志强,詹新寰,等.中国体育产业政策研究:总览与观点[M]北京:社会科学文献出版社,2016.

体育产业融合在融合赋予体育产业新的附加功能及更强的产业竞争力的同时,也促进相关产业的发展。最为突出的是,体育与旅游、医疗、文化、养老、金融等体育外领域间联系日趋紧密,形成体育旅游、体育医疗等"体育+"跨业融合的新业态(如图 3-6 所示)。而这一全新业态是智慧体育生态的重要组成部分,它的出现使体育生态的内涵和外延不断丰富拓展,其多面性、混合性和包容性得以彰显。由此可见,体育产业融合与智慧体育生态构建之间,具有十分密切的联系。

尽管可以通过体育产业融合对智慧体育生态进行解读,但并不能将两者混为一

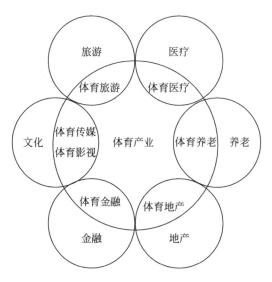

图 3-6 "体育＋"跨业融合图

谈。产业融合侧重最大限度激发不同产业间的关联效应,实现效益最大化。生态则不限于产业间的融合,还包含产业自身的成长。体育旅游、体育医疗等跨业融合产物固然是智慧体育生态中不可分割的一部分,但传统产业经过自我革新、升级,在整个生态中仍保有重要地位。且除讨论不同主体间的合作竞争关系外,智慧体育生态更强调一体化循环发展可持续机制的构建,以实现整个生态的自我成长、自我完善。

第二篇　智慧体育应用之运动场所

　　智慧体育不是空中楼阁,需要运动场所的支持。这些运动场所既需要满足体育运动开展的要求,又要满足用户日趋多样的价值诉求;既包括对自身建筑功能的改造,又包括对系统功能的改造,甚至演变出多个形式,以适应体育发展的需要。事实上,智慧体育建设离不开运动场所的智慧化。

　　本篇从"智慧体育场馆"这一智慧体育建设的物质基础与重要依托出发,介绍了智慧体育公园、智慧体育小镇、智慧体育综合体、智慧体育平台等由场馆扩展或形变产生的一系列体育运动载体。不仅从宏观上对这一系列体育运动场所的智慧化背景、基本概念、建设模式等内容进行清晰阐释,更运用案例的形式从微观角度进行生动呈现。

第 4 章 智慧体育场馆

智能场馆的出现,是智慧时代体育产业转型升级的一个标志性产物,整个行业的升级带动且倒逼了体育场馆的智慧化升级。

从战略布局来看,可以将场馆的智慧化看作一个入口。智慧体育场馆在促进竞技体育、大众体育以及智慧体育产业的快速发展中发挥了重要的基础性作用。

而从整个智慧体育生态看,这不仅仅是一个入口,更是所有赛事及内容生产的重要载体。作为核心环节之一的智慧体育场馆,从场馆的建设与馆内设施的完善水平、场馆所能提供的服务以及创造的价值等方面,对整个智慧体育生态的顺利运行有着巨大的推动作用。

4.1 体育场馆 3.0 时代

如果将靠租金和政府补贴过日子的场馆称为 1.0 版,将收入结构中商业赞助等无形资产占比较高的场馆称为 2.0 版,那么,智慧场馆已经从 1.0 的蒙昧踱步到 2.0 的粗放式发展,逐渐迈入崭新的 3.0 时代。即利用信息技术,提升场馆的智慧化水平,优化用户体验。

目前,国内大部分体育场馆仍然停留在 2.0 版本,没有新媒体传播助力,盈利模式仅是售票和广告赞助。场馆内部很多精彩的演出和赛事都没有及时传递出去,也没有其他增值服务和创新体验。据第六次体育场地普查数据显示,截至 2013 年底,全国共有体育场地 169.46 万个,这些体育场地在促进我国竞技体育、大众体育以及体育产业的快速发展发挥了重要的基础性作用。但与此同时,许多体育场馆,特别是大型体育场馆,还存在运营不佳、利用率不高、持续发展动力不足等问题,这些问题既制约了体育场馆的健康发展,也弱化了场馆在我国体育发展中的基础性作用。

随着移动互联网、大数据、云计算、物联网、虚拟现实等新兴信息技术的迅速发展，"智慧"两个字炙手可热，智慧体育也不甘落后。要使场馆的价值最大化，必须使其融于整个智慧体育产业中，用信息技术最大限度地提升场馆的潜力。3.0版的智慧场馆将提供一系列智慧化服务，包括让观众更加便捷地获知场馆最新活动、买票、取票；通过室内导航寻找座位和车位；收看赛事即时数据和精彩回放，与明星和球迷之间实现互动直播；现场订购食物饮料，送货到位等，构建O2O全球化运动服务平台，实现运动场馆互联网＋增值服务等。除此之外，体育赛事、演出等线下内容可以同步发行到线上、户外、广电、公共媒体等全渠道，打通内容方和发行方，开创多元化商业合作模式，从1到N实现全渠道共享经济。

随着大数据、云计算等技术在体育场馆服务领域的推广和应用，智慧化的体育场馆运营将更科学。只有智慧体育场馆科学高效运营，才能提供优质的服务，才能使智慧体育充满活力，进而实现经济效益与社会效益的双赢。否则，它便会成为一种僵硬的体育固定资产，造成体育资源的闲置与浪费。

4.2 走进智慧体育场馆

体育产业是一个多元化的产业系统，横跨多个行业，参与者众多，所涵盖的核心环节有场馆、赛事、教育、健身等，各个环节之间均有着双向联系，互相影响和制约着其他环节的发展。其中，场馆运营起到了基石般的作用，场馆的发展对整个体育事业的发展以及文化等周边产业的顺利运行与发展也有着巨大的推动作用。

智慧时代，体育场馆的本质没有发生变化，场馆服务依然是智慧体育场馆实现其功能与宗旨的关键。智慧体育场馆将以为用户和消费者提供更优质服务作为建设与发展的目标。

4.2.1 智慧体育场馆概念

早在2004年，钟天朗就率先提出了体育场馆的定义，即为了满足运动训练、运动竞赛和大众体育消费需要而专门修建的各类运动场所的总称。它主要包括对社会公众开放并提供各类服务的体育场、体育馆、游泳池，体育教学、训练所需的田径棚、风雨球场、运动场及其他各类室内外场地，群众体育健身娱乐休闲活动所需的体育俱乐部、健身房、体操房和其他简易的健身娱乐场地。这一定义很好地概括了体育场馆的服务内容。相比于一般的体育场馆,智慧体育场馆在保有体育场馆基本功能的基础上,在建设、管理、运营等多方面都有了一定程度的优化升级,更强调智能技术与场馆运营管理、服务实际应用的结合,通过软硬件设施的投入,联合周边产业协同发展,进而拓宽服务范围,降低运营成本,提升综合效益。

本书认为智慧体育场馆的概念主要包括两个层面,即硬件和软件的智慧化。硬件方面,一是基础的智能楼宇框架下硬件设施的投入,即通过楼宇自动化系统对整个建筑的建筑自控、综合布线、安防安保、出入控制、给排水系统、供配电系统、照明系统、电梯系统等各种设备实施自动化监控与管理,保证系统运行的经济性和管理的现代化、信息化和智能化。二是基于物联网搭建智慧体育场馆系统,主要是由智能监控系统、设备通信网络系统、场馆专业性系统、实用型信息系统以及综合布局系统等组成。

但随着技术的不断迭代升级,硬件设施已经不是主战场,于是有了第二个层面,即围绕智能终端及软件升级而衍生的各种服务模式。目前,提及较多的是基于大数据通过轨迹追踪将传统参展、参会行为智慧化,进而将观众、展商及产品信息数据化。除了大数据分析,还在硬件智慧化的基础上,通过互联网软件实现更多的功能。例如馆内导航、现场互动、网上订餐、电子门票及选座、移动支付等衍生服务功能。

4.2.2 智慧体育场馆特点

科技的发展与经济的进步改变了人们的生活方式与消费习惯,智慧时代的发展也给体育场馆的升级带来了机遇与挑战。智慧体育场馆提供的服务在理念、方式、内容等方面都有了一定程度的提升。

在场馆服务理念方面,传统体育场馆的服务理念一般是"坐等用户""按时营业",员工的工作积极性普遍不高,服务水平也有限。而智慧时代下,体育场馆的服务理念逐渐向"以用户为中心"转变,不断完善场馆的硬件设施与软件服务,并开展主动营销。在场馆服务内容方面,传统的体育场馆主要集中于提供硬件设施。而智慧体育场馆以物联网、云计算等信息技术为基础,在服务内容上更趋个性和多元。例如开发定制客户端、配备运动手环等,提供给租赁场馆的主办方以及活动的消费者更好的体验。在场馆服务方式方面,传统场馆以提供场馆内场地租赁为主。但智慧体育场馆在场地租赁的基础上结合信息技术,主动营销,形成场馆自身的品牌效应。场馆还能以主办方的身份开展活动,或以战略合作的身份加入所服务的项目中。

除了以上宏观方面的优化,智慧体育场馆的服务转型升级具体体现在体育场馆建设更新、运营模式创新、服务领域拓展、多元业态发展、配套服务延伸、运营和服务供给能力的提高等。其特点可以概括为软硬件设备智能化、运营管理信息化、应用服务数据化和场馆建设环保化。

1. 软硬件设备智能化

智慧体育场馆的软硬件设备智能化,即利用物联网、云计算等技术将传统场馆升级为现代化的高科技场馆。在设计智慧体育场馆的过程中,要以各项技术为切入点,配备一些安全、实用性功能,提升体育场馆的整体智慧化程度,从而真正实现体育场馆的智慧化管理。智慧体育场馆的设备智能化主要包括建立智能安防系统、智能环境控制系统以及智能体育知识储备系统等。

智能安防系统的软硬件升级能有效提升智慧体育场馆的安防能力,同时还可以针对突发性安全事件做好防范措施,从而尽可能低地减少财产损失;场馆环境系统包括智慧体育场馆照明设备、温度控制、湿度控制以及周边交通环境控制等。场馆环境系统软硬件设备的升级可以避免一些资源浪费现象,通过检测的方式用传感器进行收集分析,并提供适合场馆运用的设施标准;智能体育知识储备系统是根据物联网等技术构建出的一个大型体育知识库,帮助人们在日常锻炼中增加对体育锻炼项目的了解。在该系统中,还具备一些数据的挖掘能力,将体育知识传输给专业训练人员以及健身的公民。同时在对有用信息挖掘的过程中,可以将这些信息有规律地分布到场馆智能化系统中,方便人们对训练方法以及体育知识进行查询,将这一项系统的实用性发挥出来。

2. 运营管理信息化

智慧体育场馆内一般普及了 4G/5G 和 WiFi,能满足成千上万人同时联网且保持网络畅通,场馆通过运营管理系统进行信息化管理。其管理系统包括场馆管理系统、场馆平台以及教育培训系统等。场馆管理系统能够满足场馆不同层次的管理者和工作人员高效率处理日常事务的工作需要,提供邮件服务、会议组织、日程安排、公文发送、个人办公、议题讨论、管理监督等功能,有效地协助完成各项工作。通过对内部的 OA 系统、CRM 等系统的必要引入和使用,必须能够确保从高层次到低层次的各部门,以及所有有关的办公人员都可以在桌面计算机上处理日常工作,在网络上完成绝大部分公文的处理和传送工作,提高各部门之间的协作效率,及时获得各种信息和统计数据,知晓各项工作的进展情况,从而进行决策。场馆平台包括场馆内活动信息、场馆基本信息及场馆常驻俱乐部的公布等。教育培训系统则包括教练员管理系统和教练员培训平台等方面。

对于大型体育场馆，需要建筑设备管理系统、售验票系统、智能化集成系统、公共广播系统、通信系统、信息网络系统、会议系统、信息导引及发布系统等。对于大众场馆来说，通过网络技术获取终端的位置，顾客到达预设地点后，其移动 APP 可收到此场馆相关营销信息的推送，包括优惠活动、展馆服务、赛事预报等。有了信息化的运营管理系统，场馆的运营效率和质量都将得到大幅提升和优化。

3. 应用服务数据化

数据化是在信息化、智能化的基础上提供的更高端服务之一。除前文提到的在信息化方面上，可以利于商业 WiFi 分析后，进行精准营销，识别出用户的线上和线下行为喜好，并根据喜好进行分类，为后续的商业广告活动提供精准输入。另外，对于未来大众场馆，健康是其主要的关注点。场馆运营商可通过人工智能与大数据分析得出用户健康报告，对用户进行健康指导，增加用户对场馆的黏性。

在比赛期间，体育场馆像是一个临时组成的"微型城市"，有各种社会形态，也可能发生各种突发事件，场馆应该利用数据分析应对突发事件以及分析各类人群的不同需求提供更好的服务，合理运营场馆。此时就可用到此前提到的 WiFi 覆盖功能，场馆的网络中心可以通过 AP（无线访问接入点）轨迹分析，清楚地掌握每个馆人流量、停留时间等数据，在对这些数据进行分析后形成相关报告，最后作为数据增值产品为帮助场馆日后更好地经营创收提供有力依据。

4. 场馆建设环保化

绿色智慧体育场馆的提出，顺应了我国建设资源节约型社会、环境保护工作、人与自然和谐相处的主要发展方向。智慧体育场馆的建设正是在传统建筑技术的基础上，通过现代化建设手段、信息技术以及控制技术的共同作用，实现场馆建设智慧化。而绿色环保的理念，能够更大程度地减少对水、电等资源的使用，为体育爱好者或专业体育运动员提供健康舒适的场馆环境。

智慧体育场馆作为大型公共设施建筑之一，主要用于各类体育赛事活动，既要满足赛事所需的室内温度、湿度、风速、灯光等一系列标准，又要满足室内人员的舒适性要求。传统体育场馆的耗能是巨大的，因此未来的智慧体育场馆更要做出表率，最大限度地降低能耗。

4.3 智慧体育场馆实践——以杭州市职工文化中心为例

2018年,杭州市职工文化中心着手开展智慧体育场馆建设,以信息化、智能化的手段,将中心打造为让用户满意、放心、舒心的体育文化标杆工程,提高场馆服务标准,减少运营成本,提升场馆经营管理水平。杭州市职工文化中心采用互联网、物联网及大数据分析思维,对用户进行有效数据把控,为场馆制定经营策略提供有效依据,最大限度地提升场馆品牌形象,方便服务更广大用户群体。

此外,杭州市职工文化中心在智慧体育场馆建设方案设计上也不遗余力,打造以智能化和数字化为基础的现代化智慧体育场馆,以系统的设计和硬件设备满足各项赛事和活动的使用功能需求。

1. 方案设计概况

杭州市职工文化中心通过合理、专业化的系统设计,使体育场馆能够顺畅地承办各种等级的体育赛事,并满足相应的经营服务功能,具有成熟、稳定、实用的特点。智慧体育场馆下辖体育场馆经营管理系统、VR实景系统、自助售票系统、客流识别系统、智能闸机系统、智能门禁系统、空场提醒系统等多个系统,既能满足用户的多样化需求,也为场馆系统管理提供便利。

体育场馆经营管理系统作为智慧体育场馆最重要的系统之一,承担了场地预订、系统设置、门票售卖、会员管理等场馆日常运营所需的各项功能。其中,场地预订功能可以实现对杭州市职工文化中心羽毛球场地、篮球场地、乒乓球场地的售卖与预售,并支持支付宝、微信、银联等时下流行的各种支付方式,以满足用户的支付习惯。系统设置功能可以实现对场馆基本属性、用户信息、智能硬件、系统各项操作等的集中管理,并能够针对不同的用户角色,开放不同层次的系统信息,避免用户越权操作。此外,系统还针对场馆企业开展包括财务统计、库存管理等在内的一揽子服务,为场馆经营规划和调整升级提供重要的数据支撑。

VR实景是一种基于静态图像在微机平台上实现的虚拟现实技术。VR实景系统是基于实景图像的虚拟现实技术应用系统,是虚拟技术与场馆实体相结合的实践。通过VR实景系统,可以将线下场馆带至线上,使用户在网络上实现720°实景场馆参观,并通过交互操作,实现自由浏览、全方位互动式的实景还原,使用户足不出户便可以实现身临其境的酷炫体验。

客流识别系统基于视频客流算法和人脸识别算法双重结合的新型客流监控技术，可以实现对客流量的实时统计，并对客流年龄、性别、身份等信息进行抓取，进而全面掌握文体中心客流各项数据，为决策制定提供参考。

自动售票系统由微计算机控制，可以显示窗口名称及公告等内容，打印内容可灵活编辑修改。这一系统可以帮助用户解决办理购票、场馆预订等一系列业务时的排队问题，减少人工售票、统票成本，提升业务办理效率。

空场提醒系统使用三色灯指示当前场馆的状态（空闲、使用中、即将结束），可以实现业务线上预订后的来场自动开灯、离场自动关灯，真正做到场馆的无人值守。

智能闸机系统用于解决场馆出入口通道的控制问题，能够实现公共通道简易的劝阻级访问控制，提升场馆各功能区域的安全性，如图4-1所示。相似地，智能门禁系统采用互联网、物联网的手段对出入口通道进行管制，采用刷卡感应、人脸识别、指纹解锁等多种途径，进行用户权限识别与确认，使场馆出入口更安全、更便利、更易于管理，优化用户体验。

图4-1 杭州市职工文化中心智能闸机系统

此外，杭州市职工文化中心还将智慧系统接入"杭工 e 家"APP 平台，打通用户体系，给广大用户提供方便的业务办理移动端通道。

2. 设计亮点解析

智慧体育场馆建设是一个庞大的系统工程，需要各分系统有效协同，安全、规范、高效地互连互通。杭州市职工文化中心智慧场馆建设注重标准化、规范性与开放性相结合，既保证各分系统为体育运动场馆用户提供统一的访问模式，又将硬件环境、通信环境、操作平台之间的相互依赖降至最小；既保证不同分系统间信息资源的共享，又通过统一身份认证、数据加密等技术，实现对信息资源的保护和隔离。

智慧体育场馆建设是一个复杂的工程，需要从系统结构、技术措施、运营管理等多方面着手，在考虑技术先进性和开放性的同时，最大程度地保证系统的稳定性、可靠性、可管理性、可维护性，以高度的容错性保证系统的正常运行。

此外，智慧体育场馆具有可扩展、易升级的特征，可以不断自我成长、自我完善。面对高速发展的智慧体育产业，不断有新的应用系统和信息资源加入其中。为此，杭州市职工文化中心构建良好的软硬件环境，有效提升场馆的可扩充性，以简便、规范、畅通的基础数据服务，使数据交换平台具备与国内外的相关应用系统或信息平台相互兼容和交流的条件与能力；以高扩展性的服务架构和访问接口，让各种资源可以方便地集成到场馆经营管理系统中，迅速地为用户提供服务。

第5章 智慧体育公园

近年来,经济快速发展,城市居民收入水平大幅度提高,人们的闲暇时间增多,许多居民开始将体育健身作为假日休闲娱乐的首选。随着大众体育的快速发展,体育运动正逐步渗透到人民生活的方方面面。在城市化进程中,体育运动与城市绿色空间相结合,出现了具有鲜明运动主题特色的公园类型——体育公园。体育公园的出现,成为城市居民在满足一定物质生活条件后,追求更高层次生活质量的必然趋势。

而体育装备智能化一直是体育用品制造业开发与拓展的领域,智能健身房"搬家"到户外公园并免费开放成为现实。音乐智能化健身步道、智能音箱控制系统、多动能笼式运动场等智能化软件系统及配套硬件让智慧体育公园有了更大的可能,智慧体育公园将逐渐成为人们生活必不可少的场所之一。

5.1 体育运动融入城市生活

目前我国存在一系列城市问题,在相对有限的城市用地中,如何挖掘潜力,使绿地的观赏性和实用性更好地结合,并营造出生态、景观、功能综合效益最佳的绿色空间,将是我们要认真面对的一项艰巨任务。体育公园在解决城市人均体育用地不足的同时,通过对体育设施及其周边环境的改造,为城市增加更多的绿色空间,是一举多得的有效途径。且面对日益加重的工作和生活压力,城市居民也比以往任何时候都需要关注身体健康,加强锻炼。体育公园作为免费的"健身房"适应了大家高涨的健身热情。

5.1.1 体育生态化发展趋势

近些年,体育生态化研究成为体育社会学领域关注的热点之一,形成了"体育生态化"和"生态体育"等有代表性的学术概念。"体育生态化"是指在发展视域下,以人的发展为出发点和落脚点,通过科学化统筹与伦理化协调的手段和方式,实现体育内部和外部系统的优化平衡与协同发展。其实质是通过科学统筹和伦理调节的方式,既能实现体育的高效率、高效益发展,又能协调推动体育人本化、人性化的发展;既能走出一条绿色、和谐、可持续的体育发展道路,又能以体育形式推动实现人的全面发展和社会发展的终极目标。

体育作为人类社会中一种特定的实践活动,有着独特的价值和功能,它是人类社会大生态系统中的一个构成因素和运行因子,是社会发展链条中的重要组成部分,在提升人的身心健康、强化团队意识、提高民族凝聚力上起到十分重要的作用。体育的这些良性促动功能理应成为人们发展体育事业的不竭动力。体育发展目标不仅要追求"更快、更高、更强",还应该追求"更健康、更人性、更和谐"。体育发展只有真正促进了人的身体健康、满足了人的精神需要,体育生态系统才能长久持续地健康运转。体育公园作为不同于以往城市公园的游憩场所,使得渴望在自然中充分释放自我、挑战极限的人们找到了归宿,因而逐渐受到大众的喜爱。与此同时,科学的健身器械和健身方法也纷纷涌现出来,体育公园得以快速发展,并与体育生态化的概念不谋而合。

体育公园向融合多种功能的生态绿地建设方向发展,从而维护居民身心健康,使人与自然之间的关系更加紧密。它供人们在优美的环境中进行体育锻炼,从而起到增强体质、预防疾病的作用。它超越了一般公园的功能,同时也为大家提供了更多充满情趣的参与活动和交往机会。体育公园的建设是人们对体育生态的积极追求,需要借助自然生态环境和社会生态环境才能促进体育的繁荣与发展。随着生态文明观的逐步形成和生态实践进程的深入,现代体育也在进行着多方面的探索,使人类自觉地融入体育生态建构当中。

5.1.2 科学、免费的"健身房"

如今,城市人口越来越多,迫于较大的工作压力,很多人身体日益脆弱,甚至出现了一些城市生活流行病,如"乏力症",而它最好的治疗方法就是在露天的绿地中进行体育锻炼。此外,当今社会,从事脑力劳动的人逐渐增多,人体机能下降,我国目前有75%的人处于亚健康状态,人们迫切需要进行健身锻炼。而随着人类寿命的增长,老年人需要进行体育活动来填补空闲时间,以减少老年疾病的发生。当今青少年学业负担加重,也迫切需要通过体育活动来调节身心。

然而,快速的城市化发展使得城市公共空间变少、建筑密度变高,城市普遍存在绿地覆盖率过低、人均绿地面积不足的问题,从而导致了居民的户外体育活动场所相当紧缺。目前,我国大约有 70.6% 的城乡居民都在自家庭院、公路街道、住宅地、单位场院等非正规场所进行体育锻炼。随着城市化进程的加快,可供人们户外活动的场地越来越少。一些场地由于面积有限,从而限制了部分体育活动的开展,人们迫切需要有相对大型的绿色空间来充分参加体育锻炼。因而,智慧体育公园作为免费的"健身房",必将受到公众的一致欢迎。

"健康中国"上升为国家战略之后,全民健身热情越发高涨,体育公园的场地和设施都不断更新。智慧体育公园建设过程中,各类健身路径、篮球、乒乓球器材及网球场、多功能运动场馆等与公园环境充分融合,以打造新的全民健身智慧体验。体育公园的智慧化,通过信息技术引导科学健身,合理使用体育公园的健身器材和设施,有效收集场地使用数据和居民健身数据。智慧体育公园从"免费的健身房"上升为"科学而免费的健身房",从品质和效果上有了极大的飞跃。

5.2 智慧体育公园概述

随着城市化的快速发展和人们生活水平的不断提高,城市居民对健身场所和娱乐休闲的环境有了更高的要求。人们追求的不再是简单的锻炼,而是身心的享受,因此对锻炼场所的环境要求越来越高。体育公园的概念 20 世纪便已提出,但近年来才得到了更多的关注,西方发达国家在大量的实践下积累了丰富的经验,而后起的发展中国家也不甘落后,体育公园已然成为一个全球性话题。

5.2.1 各国体育公园发展概况

国际上早在 20 世纪 90 年代就提出了体育公园的概念,在此基础上,发达国家进行了大量的实践,积累了宝贵的经验。体育公园最早的建设模型是位于纽约的中央公园,其建设之初就是要为生活在城市中的居民提供一个环境较好的休闲聚会场所,包括游玩项目和健身设施等。作为美国的第一个城市公园,它为一个世纪的公园发展树立了典范。

美国是最发达的资本主义国家,其公园的发展代表了世界公园的发展趋势,而其体育公园又最具典型性。美国体育公园大部分供青少年和居民娱乐,一部分被用作社区儿童娱乐场,还有一部分是为高水平体育比赛而建的体育场。体育设施包括各种体育馆、比赛场、运动场、游泳场、休闲娱乐中心、儿童娱乐场及停车场等。

体育公园在现代欧洲各国也十分普遍,其体育公园建设是对其自然风景园林特征的延续。英国的体育公园建设十分注重和本国实际情况的结合。在英国,体育公园首先是在了解居民运动需求的基础上进行修建的,是补充了足够的室内运动场地、建设群众喜爱的运动项目的主题公园,增加了公园的吸引力,并且特有的限定时段为残疾人开放的做法体现了其人性化的一面。法国体育公园的整体布局及其与原场地地形的契合,常传达出新颖的设计理念,同时体现法国现代主义园林的特色。如特拉姆布尔体育公园,公园平面呈椭圆形盘状,内部道路系统呈网状逐渐向外辐射,有效地连接了园内的各个运动区,还极具艺术价值。法国的这种将基址地形进行台地式处理的方法,不仅遵循了地形的变化,还能增加景观体验的趣味性。

日本称体育公园为运动公园,从1933年开始建设。1956年,日本颁布了首部《都市公园法》,将运动公园纳入城市基本公园,并给出相应数据指标。不同于其他国家的体育公园,日本提供小规模的设施给高龄者和运动知识欠缺者,传达出对社会弱势群体的人文关怀,这在日本这种老龄化严重的国家意义深远。

目前国外体育公园正朝着内容综合化、项目专业化的方向发展。体育活动已经不再是以单一的锻炼为目的,它的娱乐性、教育性、商业性都在加强,同时体育与其他产业的结合更加密切。随着体育产业与商业、娱乐业的紧密结合,相应衍生出了许多新的发展方向。随着生活水平的提高,人们已开始追求更多样的休闲方式。除最基本的体育运动外,其他各种新型的休闲方式也被引入到体育公园中来与体育活动相结合,形成一些具有时代感的新型运动方式。

我国近些年来才兴建起的体育公园,作为一个新兴的、成长的产业,目前正处于探索、萌芽阶段。近两年来,北京、上海、广州、深圳等大城市正在大力建设体育公园,这些公园集健身、休闲、娱乐、环保于一体,以满足市民和游客对绿色运动空间的需求。虽然我国的体育公园起步较晚,却发展迅速,体育公园的软硬件设备都同步提升,并朝着智慧化和科学化方向发展。

5.2.2 智慧体育公园内涵和特性

1. 智慧体育公园内涵

我国1992年出版的《世界公园》中提出了体育公园的概念:具有锻炼器材和运动场地,修建在景色秀丽的园林中,提供职业训练、体育表演、强身健体活动场所,举行国内外赛事,通过各种丰富的内容和多变的形式引起市民的注意,并让其到园中休息的场所。这一概念被国内外学者引用多次,但是这里所提及的不仅仅是体育公园,还包括奥林匹克公园,大多用于运动训练和培训。

韩国的《城市公园法》中,将体育公园定义为通过运动和野外活动等体育活动,以培养健康的身体和饱满的精神为目的而设置的公园。在体育公园里面可以设置园林设施、休养设施、游戏设施、运动设施、教养设施、服务设施等,并且规定在体育公园中应至少设置三种以上的运动设施,而且其面积应在公园设施面积的60%以上。该定义不仅仅是对生态环境的建设有基本的要求,更是对体育锻炼环境有严格的规定,但这样的规定所建造的体育公园很有可能成为运动设施堆积的场所。

我国最新版的《城市绿地分类标准》将体育公园归为专类园的一种,并给出如下解释:结合面积较大的园林绿化,合理安排体育馆为主地相关建筑,吸引市民休闲健身、观光游赏或举办体育赛事的公园。体育公园不是"体育"和"公园"的简单结合,而是将体育运动的文化内涵和功能需求融入公园的设计中,是二者的和谐统一体。

《中国城市体育公园空间布局的研究》中提到,体育公园是指传达出一个城市各方面发展的状况,突显体育文化地域性地促进大众运动并能提供康体、游憩等一系列配套服务的场所。

通过以上对体育公园概念的总结可以看出,体育公园的特点是将城市的"绿地、湿地"和居民的运动健身场所结合起来,在城市规划建设中划分一部分场地兴建供居民进行体育锻炼和休闲游玩的场所,要求有足够的绿地规划和较为完善的服务设施,使居民能够在其中进行身体锻炼的同时亲近自然。本书从体育公园的概念出发,延伸出智慧体育公园的概念:智慧体育公园是一种特殊的城市公园,既有符合一定技术标准的体育运动软硬件智能化设施,又有较充分的绿化布置;既能满足各类体育运动比赛和练习,又可供人们休息和游憩。

2. 智慧体育公园特性

智慧体育公园作为环境优美、空气清新的城市绿色运动空间,它本着服务于大众的原则,满足各类人群的需要,有较完备的体育运动软硬件智能化设施、完善的运动修复保健体系,为人们提供了放松身心、回归自然的运动场所。它除了具有公园的一般特征外,还具有其他的特性。

1）科学性

科学性包括专业化和信息化两个方面。专业化是指智慧体育公园的体育设施、公园交通、活动设施等符合体育运动标准。且公园的规划设计人员具有公园总体规划、公园详细设计、体育设施设计以及体育相关方向等多方面扎实的专业知识。

信息化是指智慧体育公园引进了很多先进科学技术和设备，如一些智慧体育公园的足球训练中心，配备了计算机化的培训系统。针对个人技术部分，其自动供球和回收器，大约每分钟可提供40个不同速度和高度的球，为球员有效地创造一个真实的模拟赛场。针对比赛战术部分，利用具有连续播放和反馈功能的计算机控制系统，可控制比赛速度和提高球场决策力。智慧体育公园的照明系统、灌溉系统、管理系统等都体现了信息化的特点。

2）主题性

智慧体育公园的主题并不是一味地为运动参与而进行设定，它除了是居民运动的主要场所之外，还是居民进行休闲游玩的场所，这样就给了它很多的主题可以确立。例如，在美国就有很多是以极限运动为主题的、以水上运动为主题。我国目前主题性体育公园并不多，多数是以综合性的体育公园而存在。

智慧体育公园建设可以根据居民和城市建设的需求，结合当地风俗建立确定的主题，建设何种类型一直是需要探讨的问题，根据市场的调查，符合市民需求的要多建。智慧体育公园为服务大众，在其规划建设中首先应该对居民锻炼的习惯和健身项目的选择进行调查，在了解居民需求的基础上完善体育公园的项目建设，这样才能做到真正地服务于民，否则修建的体育公园也只会成为一座座无人光顾的空园。

3）便利性

作为大众健身的场所，智慧体育公园首要的考虑因素应该是对居民锻炼的便利性。更好地服务城市居民，让城市居民方便地进行体育锻炼是智慧体育公园首先应具备的特性。便利性主要包括体育公园位置的选择、体育公园周边设施的建设以及交通情况。

4）公共性

智慧体育公园公共性并不是指都完全免费，而是根据入园人数多少决定是否免费。各个场地设施开馆时间和其免费向公众开放的时间是公园公共性的主要体现。在我国，体育公园的修建也是伴随着全民健身的不断发展而完善起来的。目前我国所建成的体育公园多以大中型为主，这些公园中很多场地设施的管理和维护是需要资金投入的,所以一部分场地并不是免费地向公众开放。总体而言,智慧体育公园还是具有公共性的特点,其初衷就是为大众服务而建设的。

5) 生态性

智慧体育公园区别于城市公园和城市锻炼场所的第一要点便是其生态环境的建设。独特的园林景观的建设能对城市环境有所改善,重要的是对在其中锻炼人群的心理和身体需求的满足。我国现在的智慧体育公园生态环境大多修建较好,运动设施和公园绿化相互交错。

6) 安全性

随着居民生活水平的提高,对健身环境的需求也越来越高。正如马斯洛需求层次理论中所提到的那样,人们在满足了最基本的生理需求之后会不断地提高更深一层的需求。体育锻炼也是如此。当居民健身需求被满足后,更深层次的健身环境的需求——健身安全性的需求正在被人们所重视,所以在体育公园修建时健身环境将是今后重点考虑的一环。

智慧体育公园是运动的场所,运动的安全是最为重要的,公园对于设施、场地、后勤等各方面的安全问题都需要关注。相对于一般公园来说,智慧体育公园安全性尤为重要。首先,医疗设施要全面,医护人员要专业,以备突发事件的紧急处理。其次,运动设施要勤检勤修,不能再使用的一定要及时更换,暂时不能更换的要有明显的警告标志。

5.2.3 未来发展的方向与趋势

随着信息技术的不断更新,智慧体育公园的建设质量和建设水平也有显著的提高。它不再仅仅是满足人们使用功能需求的活动空间,而是成为人们日常健身和科学运动的专业活动场所。随着科技和时代的进步,智慧体育公园中的体育场馆及设施建设都更加智慧化和人性化。运用多样化的高科技、新媒体等手段将成为智慧体育公园发展的新趋势。

随着经济水平的提高,城市生态环境建设方面的投入将大大增加,智慧体育公园作为面向大众的开放型绿地,更需要投入建设力度。体育公园建设数量的不断增加和生态技术的合理运用,为未来的网络化、生态化绿色空间提供了方向。智慧体育公园除了能创造较大的经济效益外,还能带来极大的生态效益。因此,智慧体育公园应朝着融合多种功能的生态绿地建设方向发展。

此外，随着社会文化的进步，文化已成为智慧体育公园发展的灵魂，出现了突出文化内涵、满足人们文化需求的新趋势。只有不断追求文化内涵才能创造出高水平、高档次、高品位的智慧体育公园。智慧体育公园的建设不是单纯意义上为大众开展体育健身的场所，它还是城市历史、文化建设的一个重要部分。全力打造城市品牌，使独具特色的体育文化积淀融入城市生活中，这也是智慧体育公园的发展方向之一。

5.3 智慧体育公园实践——以南京溧水智能体育公园为例

南京溧水体育中心位于南京市溧水区城南新区，分为体育场、体育馆、全民健身中心以及游泳馆等多个功能区，并配有景观设计和设施配套。2016年，位于体育公园内的全人群智能体育公园，运用"互联网＋体育器材"维护管理系统，打造了全国首创的新型智能体育公园。

全人群智能体育公园基于全民科学健身理念，将服务对象定位在全体健身人群，包括儿童、青少年、中老年以及残障人士等，结合各个人群的身体特点，综合考虑其身体素质、机能、动作发展以及心理和社会交往等不同层面的健身需求进行规划与设计。该智慧体育公园设置了音乐智能化健身步道、智能音箱控制系统、多动能笼式运动场、"扫一扫"扫去故障等多项智能化设施。

1. 音乐智能化健身步道

运动能舒展人的身体，而音乐则可以带来精神上的愉悦，当两者巧妙结合，那将会是一件多么美妙的事情。说起智能体育公园里的亮点，音乐智能化健身步道当仁不让。舒适的走道设计、路两旁错落有致的行道树，深呼吸就是阵阵清新，张开双臂拥抱的就是自然。在这样一条音乐智能化健身步道上，只需要在起点的设备上输入性别、年龄、身高、体重等基本指标，就可以跟着不同音乐节拍开始愉快地运动，不需要借助任何可穿戴设备，在结束锻炼时便可轻松得到步数、卡路里消耗等健身数据。

智能型步道是未来健走的发展趋势，建设音乐智能步道的初衷也基于全民科学健身理念。全民科学健身理念就是将服务对象定位于全体健身人群，包括儿童、青少年、中老年以及残障人士等，结合各种人群的身体特点，综合考虑其身体素质、运动机能、心理认知及动作安全保护等因素综合设计制作，而音乐智能化健身步道的设计就是为

2. 智能音箱控制系统

广场舞既能丰富民众的精神文化生活，又有助于增强身体素质和心理健康，已经成为很多人自发的文化选择。广场舞不再是老年人的专利，不少年轻人也加入其中，广场舞也不再是女性的天下，大叔们也加入了舞动的队伍。但是，近年来，因治安、噪声、场地等问题与居民发生冲突，广场舞成为一个极富争议的问题。然而，智能音箱控制系统却可以很好地解决这个问题。

智能音箱控制系统是在蓝牙音响的基础上研发的，墙上高悬着一个固定的音箱，想要跳广场舞，带上手机或者U盘，直接通过蓝牙与音箱配对。手机里的音乐便可以通过固定音箱广播出来，且声音大小可以调节，随着音乐跳动，以达到便捷互动的效果。

3. 多功能笼式运动场

随着人们生活水平和健康意识的逐渐提升，球类运动因其成本低、方式多样、活跃身心和合作竞争的特点，吸引了越来越多的人参与。多功能笼式运动场是整个体育公园又一极具特色的功能区，笼式多功能运动场内的智能太阳能多功能组合篮球架和笼式攀爬乐园是其最大的亮点。

多功能篮球架采用一体化的结构设置，人体自动感应发光，控制全过程智能化，同时充分利用太阳能充电，单次续航照明时间长达5小时，节能环保，而且该篮球架只需要在原有设备的基础上进行智能改装，升级便捷，成本低廉。球场有两套照明设备，即常规的LED照明设备和太阳能感应照明设备，这样即使夜间有人走到篮板下去打球，太阳能感应灯也会第一时间亮起来。

多功能笼式运动场与一般运动场的不同之处就在于，大人在运动的同时，可以兼顾到孩子。笼式攀爬乐园结合儿童的生长发育规律和全面促进身心发展的要求，配备多功能笼式攀爬器材，帮助儿童锻炼上下肢力量和全身协调性，发展步行能力和平衡能力，培养空间感知能力和发散思维能力。在这里，孩子们可以自由、安全地攀爬玩耍，父母可以自己打球健身，还可以观察到孩子玩耍的情况，老年人则可以跳自己喜爱的广场舞。多动能笼式运动场提供了一个大人与孩子能够共同娱乐的地方。

4. "扫一扫"扫去故障

近年来，公共健身设施投入很大，建成了很多全民健身路径，但使用和维护都成为了难题。随着互联网技术的不断发展,手机几乎成为每一个人享受智能生活中不可或缺的部分,全人群智能体育公园在每个器材上都设置了二维码,扫描不仅可以立刻查看300多个科学健身指导视频,更可以随时拍照报修损坏的器材,使器材管理体系实现网络化和即时化。凡是碰到不会使用、设施损坏等问题,只需要"扫一扫",就可以得到解决。

此外,全人群智能示范体育公园还设有体测墙、简易检测点和体质精准检测小屋,以及诸多基于"互联网+"的智能化体验,诸如客流眼、健身视频网络指导等。这些设施通过面部识别、指纹扫描等手段,采用最新运动模式算法,科学记录和分析锻炼次数、时间、步长等数据,实时反映能量消耗,代表了智能化健身的发展方向。

第6章 智慧体育小镇

智慧体育小镇是体育产业、旅游业、新型化城镇与整个我国国民生活水平提高共同催生的一个新的经济形态,也是基于当前特色小镇和体育产业双重发展机遇而形成的一个创新结构。仅仅就体育做体育,很难形成持续性、引领性的增长结构,但如果体育能够与旅游、健康、文化结合,能够与城市化进程、土地升值、房地产价值、生活服务提升等融合发展,将在打造生活方式的过程中推动综合性多样化消费、综合性盈利模式的产生,从而形成智慧体育小镇的综合型开发模式。

6.1 再造运动空间

体育小镇的提出基于当前的经济环境、文化建设、城乡发展、资源分配等多重现实条件。而智慧体育小镇也有着相应的政策支持、技术推动、运动空间升级和产业融合契机。总之,从体育小镇到智慧体育小镇,是对运动空间的再造和环境设备的升级,是体育产业不断发展的必然趋势。

6.1.1 智慧体育小镇提出背景

在经济上,目前全球旅游已不足为奇,各国游客都乐于体验不同的体育文化,瑞士、法国、加拿大等地的滑雪小镇受到大家的一致追捧。这对发展休闲体育产业来说,既是机遇也是挑战。如何构造具有特色文化的体育小镇,如何在提升服务质量、优化服务环境的同时,培养本土的休闲体育文化就成为体育产业发展的重中之重。体育小镇概念的提出,则给予了有优秀体育文化环境与体育资源的地区发展的机会,对各地的体育资源实现合理配置有着相当重要的意义。

在体育文化建设上,篮球、排球、网球等体育运动风靡全球,尽管以西方的流行体育文化为基础,但我国在体育文化推广上也非常成功。近几年,体育小镇的兴起,能够有效地保存我国当前优秀的体育民俗文化,甚至在宣传层面上加深我国体育民俗文化的影响,有利于继承和发扬我国独特的民族体育文化特色。而体育文化建设与发展,必然进一步丰富小镇居民的精神文化生活,满足小镇居民的多元化的体育需求,并对其生活方式和习惯产生重要影响。

在城乡发展二元化的结构矛盾上,体育小镇的举措也将有效地发挥其平衡机制,让城乡双方均衡收益。城市化进程还在不断推进,然而城镇化率稳固提升的过程中,城乡发展的不均衡状态尚未根本改变。体育小镇的提出,将有效地对人群进行导流,实现城乡之间人口的双向流动,实现城乡产业之间设施互通、产业互融、优势互补的格局,能够有效打破城市和乡村之间的文化与产业壁垒,从产业发展和地区经济文化构建的角度上,完成对乡村经济的现代化构建。

在资源分配上,地域之间有着较大的差异。就我国而言,东南沿海地区经济发展迅速,而西北、西南等地区则具有天然的地理环境和相对温和的气候条件。使我国经济发展的空间配置更加均衡是我国实现人民共同富裕的关键所在,也是实现社会公平的重要内容。而体育小镇的提出则给资源配置的均衡发展提供了具体的实践路径。例如,河北省张家口地区冰雪小镇与我国东部地区资本商业的联合,造就了当下发展如火如荼的"奥运冰雪小镇"。而足球项目与商业资本的结合也铸造了"成都金堂互联网+足球小镇"。体育小镇铸造了新型体育与商业结合的连接方式,从而促使国内的资源分配更加均衡、更加符合市场和人民的实际需求。

正是在经济、文化、资源配置等诸多有利条件的驱使下,体育小镇才应运而生并蓬勃发展。目前,国外著名的体育特色小镇主要有法国的尚蒂伊、美国的尤金、英国的温布尔登、意大利的蒙特贝卢纳、新西兰的皇后镇等。国内也打造了各具特色的体育小镇,如青岛市的温泉田横运动休闲小镇、重庆市的太平场镇运动休闲小镇、安徽省的九华山运动休闲特色小镇、江西省的庐山西海运动休闲小镇等。依托地域特色资源,选择特色主题与特色产业,完善基础设施与配套服务,是这些体育特色小镇建设的基本特征。

6.1.2 智慧体育小镇发展契机

在推进体育产业、助力新型城镇化的大形势下,建造和培育智慧体育小镇成为社会发展的任务之一。智慧体育小镇的开放性拓展了人们的生活和运动空间,联系且影响着相应的政治、经济、社会和文化领域的实践活动。而利好的政策支持、先进的技术推动、升级的运动空间需求以及产业融合的大背景,都成为智慧体育小镇顺利发展和推进的契机。

1. 政策支持

2016年7月,发改委、住建部、财政部联合发布《关于开展特色小镇培育工作的通知》,决定在全国范围内开展特色小镇培育工作,计划到2020年培育1000个左右各具特色、富有活力的休闲旅游、商贸物流、现代制造、教育科技、传统文化、美丽宜居等特色小镇,引领、带动全国小城镇建设。

2017年5月11日,国家体育总局办公厅发布《关于推动运动休闲特色小镇建设工作的通知》,明确指出到2020年,在全国扶持建设一批体育特征鲜明、文化气息浓厚、产业集聚融合、生态环境良好、惠及人民健康的运动休闲特色小镇。持续火爆的体育产业和大热的特色小镇概念迅速融合,体育小镇成为各路资本和力量竞相追逐的对象,未来体育小镇会成为体育产业一个新的增长点。

上述两个文件的接连下发,表明了国家相关部门对体育小镇建设工作的重视和关注,也从侧面反映了体育小镇在我国未来体育产业布局与发展中的重要地位。随着我国对体育特色小镇发展工作的重视,国家及各省市政策、文件相继出台,再加上商业投资的推动,体育特色小镇开始蓬勃发展起来,以体育为主题的体育旅游小镇、足球小镇、冰雪小镇等相继出现。作为扩大体育消费和加快体育产业升级的介质,体育特色小镇成为我国体育服务行业转型的重要参与力量。

此外,李克强总理在2015年的《政府工作报告》中提出了"互联网+"行动计划,将着重促进以大数据和云计算为代表的新一代信息技术和现代制造与生产性服务业的融合创新。"互联网+"代表一种新的经济形态,它可促进体育与健康生活方式更好地融合,推动全民健康事业发展,引领体育产业升级,形成新的经济增长点。具体而言,"互联网+"在对外宣传推广、拓宽投资渠道、吸引投资建设和提升运营管理水平方面,对体育小镇的智慧化发展建设发挥着重要作用。

2. 技术推动

与体育小镇相比,智慧体育小镇更注重技术的开发与应用,无论是体育设施建设还是持续的推广,都需要云计算、大数据、人工智能等新兴技术的支持。

大数据和云计算为智慧体育小镇提供了运营的技术支持。大数据与云计算的特征：一是"资源池化"，运用者可以实现资源的整合与统一分配；二是"按需分配的自主服务"，无须走冗长的申请流程，通过其收集的数据，以一定的算法，计算得出最佳的供销比，完成资源利用的最大化；三是"快速弹性"，当季节变动或临时出现意外情况时，可以通过调整变量，及时地对资源的供需加以调控和指导，避免资源的浪费。运用在智慧体育小镇的运营上，其具体则呈现为可以有效地以数据化的方式统计智慧体育小镇所拥有的有形资源和无形资源，对资源的投入比重有较为清晰的掌控；有效地预测小镇的客流量，帮助小镇运营，提供足够的服务；甚至通过人工智能算法指导当地是否需要使用促销、宣传等手段以达到资源利用的最大化。

而推广智慧体育小镇，持续使其影响力走出地级市、走出省，乃至走出国门，则需要互联网营销宣传、云计算与大数据等信息技术的通力合作。从"互联网＋"行动计划能够充分看出我国对宣传推广网络化、数据化的大力支持和推进。而智慧体育小镇与"互联网＋"结合的作用机制及其具体实践路径的探索和分析也具有重要意义和价值。

国外部分发展较为领先的体育休闲旅游区已经出现了大范围的大数据、云计算和人工智能的实际应用。例如，在新罕布什尔州著名的滑雪胜地RaggedMountain，当地就利用大数据和云计算统计雪季可能会迎来的客流量，并且根据实际预测的客流量，安排值班服务人员。通过大数据计算，实现利用价格杠杆调节游客人群，实现雪区冰雪设施的长时间利用。在大数据和云计算的辅助下，该地的"动态价格服务"，已经为当地实现了60%的盈利增长。同理，在大数据和云计算的共同作用下，我国的体育小镇构建之路也将变得更为智慧。

3. 运动空间升级

从体育场馆到综合体、公园、小镇，是体育运动空间不断升级的过程。而智慧体育小镇则在质量和品质上都有更大程度的提升，具体体现在软硬件设施的更新与配套服务的不断完善。生态空间理论强调，城镇是以人的生产和生活为中心的环境系统，只有具有完善的结构和功能，才能满足人类居住、工作、休憩、交流四大活动功能。这就要求智慧体育小镇的规划和建设，应多元化开发小镇功能。一方面，资源禀赋是体育小镇发展的依靠，关注小镇产业特点、资源分布的实质是探寻适合的发展路径；另一方面，需要时刻关注小镇的资源禀赋变化，如人口流动、资源更新、消费需求、比较优势改变等，及时调整体育小镇的发展规划。并以此为契机，大力发展全民参与的户外运动、旅游度假和休闲娱乐业，以取得较好的经济效益和社会效益。

4. 产业融合

目前,体育产业与相关产业已经在更深程度、更大范围上进行融合,遵循了技术融合、业务融合和市场融合等产业融合的演进路径,最后形成体育融合新业态,驱动着体育产业向更为智慧化的方向发展。产业融合是新时期发展智慧体育产业的必由之路,发展智慧体育产业要用融合发展的理念来协调与不同产业之间的关系,通过服务创新、制度创新、组织创新、管理创新等,依靠政府、企业等力量,实现智慧体育产业与不同产业之间的资源要素整合。

2014年,国务院出台《关于加快发展体育产业促进体育消费的若干意见》,明确指出促进体育产业与相关产业相互融合。2015年,国务院印发了《关于积极推进"互联网+"行动的指导意见》,为"互联网+体育"提供了政策保障,为体育产业融合提供了发展动力。2016年,国务院相继发布《关于加快发展健身休闲产业的指导意见》《关于进一步扩大旅游文化体育健康养老教育培训等领域消费的意见》等文件,促进体育产业与相关产业的融合发展。2016年12月,国家体育总局与国家旅游局加强合作,共同印发《关于大力发展体育旅游的指导意见》,提出要加快发展体育旅游,推动体育产业与旅游产业深度融合。产业融合背景下的体育特色小镇具有明确的体育产业定位,但体育产业不是孤立的产业形态,而是与旅游、文化、健康、科技等产业融合在一起。

促进体育产业和其他产业相融合的背景为智慧体育小镇发展提供了契机。智慧体育小镇作为传统体育场馆的升级版,更具有产业融合性、制度创新性、空间开放性、经济带动性等特征,进一步成为推动体育产业与相关产业进行融合的新载体。

6.2 建设智慧体育小镇

智慧体育小镇发展是我国体育产业发展的一种新形态,随着小镇建设的不断升温,一些问题也亟待解决。智慧体育小镇的内涵及意义解读、建设的类型和路径的探索与分析都处于摸索阶段,且随着互联网技术的成熟和快速发展,智慧体育小镇的科学定位、整合资源、宣传推广、科学运营和规范管理都在很大程度上决定着未来的发展。

6.2.1 智慧体育小镇内涵及意义

体育小镇的概念早已有之,而智慧体育小镇是一个全新的概念,有着独特的内涵和现实意义。

1. 智慧体育小镇内涵

2016年9月住房城乡建设部、发改委、财政部联合下发的《关于开展特色小镇培育工作的通知》以及2017年5月国家体育总局正式颁发的《关于推动运动休闲特色小镇的建设工作的通知》中,分别对体育小镇做出了定义。

《关于推动体育休闲特色小镇的建设工作的通知》将"体育小镇"定义为"在全面建成小康社会进程中,助力新型城镇化和健康中国建设,促进脱贫攻坚工作,以运动休闲为主题打造的具有独特体育文化内涵、良好体育产业基础,运动休闲、文化、健康、旅游、养老、教育培训等多种功能于一体的空间区域、全民健身发展平台和体育产业基地。"

《关于开展特色小镇培育工作的通知》中,则从体育特色小镇的构成上提出了要求:"特色小镇要有特色鲜明的产业形态、和谐宜居的美丽环境、彰显特色的传统文化、便捷完善的设施服务和灵活的体制机制。"

此外,陈良汉、周桃霞在《浙江省特色小镇规划建设统计监测指标体系和工作机制设计》中指出:"特色小镇是具有明确产业定位、文化内涵、旅游功能、社区特征的空间载体。"

国家体育总局对体育小镇的定义更为具体,但《关于开展特色小镇培育工作的通知》对体育小镇的定位则更具发展眼光和前沿。基于该概念界定,可以将智慧体育小镇简单理解为:基于新兴信息技术,具有独特体育文化和良好体育产业基础,集运动休闲、体育技能培养、健康旅游等多重功能为一体的,新型现代化、特色化、科技化、互联网化的全民健康与体育产业重要发展平台。

具体而言,智慧体育小镇在体育产业发展方面追求"特而强";在功能方面追求"智慧化";在机制方面追求"新而活"。总之,智慧体育小镇并不是传统意义上的"镇",也不是人们传统理解上的"大拼盘",事实上它就是一个体育发展平台,是区域体育产业发展的新的动力及创新载体。

2. 建设智慧体育小镇的现实意义

智慧体育小镇是一个全新概念,而建设智慧体育小镇是一项极具现实意义的活动。

1)提高居民生活品质

在我国,小镇众多,不过由于绝大部分小镇在规划和配套设施建设方面并不完善,从而很容易造成居民生活环境的不整洁。这样的居住环境与居民理想中的居住环境间相去甚远,很容易降低居民的生活满意度。智慧体育小镇建设不仅有利于改善居民的居住环境,还可以有效提高居民的体育生活品质。智慧体育小镇在体育配套设施、环境设计及功能布局等方面均可以做到高标准规划、构建。因此,建设智慧体育小镇必定能在很大程度上改善居民的居住环境,并不断提高其体育生活质量。

2)推动体育产业发展和经济实力提升

想要真正有效地发展、建设智慧体育小镇,首先必须要以体育产业发展为重要支撑,必须要与当地的区域产业规划统筹结合起来。因此,每建设一个智慧体育小镇,就意味着必须要发展一系列与体育产业相关的产业,无论是体育产业或是其他产业的发展必定会带来更多的就业机会。这无疑会增强小镇的发展潜力,进而逐步带动整个区域的整体经济实力提升。

3)增强小镇的商贸活力和服务水平

智慧体育小镇,拥有自身的特色体育产品,拥有完善的商业配套。绝大多数的小镇因为其人文风情并无吸引力、功能定位较为模糊,而在商贸业、旅游业发展等方面往往显得过于滞后。而智慧体育小镇的建设以体育为特色,它的建设会在一定程度上带动当地的旅游业、商业贸易以及服务业的发展。

4)形成体育文化的吸引力

对于新型城镇化发展而言,仅在物质层面实现全面发展仍是远远不够的,新型城镇化建设还需要体育文化层面的配套发展。目前,我国的很多小镇因为在功能规划方面并不齐全,较难形成独特、清晰、明确的"现代城镇文化"。而智慧体育小镇不仅仅是一种体育文化形态的重要标志,其建设更可以为当地的发展融入很多新的发展内涵,最终形成一种更具特色的体育文化吸引力。

6.2.2 智慧体育小镇的几种类型

智慧体育小镇是一个产业定位明确、具有独特文化内涵、具备良好体育产业基础的空间载体。依据产业类型的不同,可以将体育特色小镇分为以下四类。

1. 产业型智慧体育小镇

产业型智慧体育小镇即以体育用品和相关产品的生产制造为基础，纵向上涵盖研发设计、生产制造、推广展览、物流销售，横向上与互联网、科技、文化等产业融合发展，打通上下游相对完善的产业链，具有一定社区功能的第二三产业融合发展平台。

如德清莫干山裸心体育小镇，依托体育制造业，融合体育、健康、文化、旅游等产业，以打造"户外运动赛事集散地、山地训练理想地、体育文化展示地、体育用品研发地、旅游休闲必经地和富裕民众宜居地"为发展目标，初步形成了以泰普森、五洲体育、乐居户外、久胜车业为主的四大产业集群，共有体育用品销售和制造、体育健身和场馆服务的相关企业72家，其体育休闲产品的出口额、销售额、增速等方面均为行业前茅，是典型的将体育产业开发和新型城镇化建设相互融合的产业型体育小镇。

2. 休闲型智慧体育小镇

休闲型智慧体育小镇即以地理区域特征或地方产业特色为基础，以休闲、娱乐、教育为核心，以具有一定承载能力且基础设施和配套服务完善的空间为保障，具有单个或多个参与性和体验性的休闲运动项目的产业平台。

如富阳银湖智慧体育小镇，位于杭州市富阳银湖新区。富阳区上官乡生产竹制羽毛球拍至今已有40年历史，被誉为"中国球拍之乡"；富阳区具有在全球注册的游艇品牌公司，其中"无敌"牌赛艇是赛艇制造领域中唯一的中国名牌。伴随富阳知名体育产业品牌越来越多，以及浓厚的运动休闲产业氛围、雄厚的经济基础，富阳从单一制造向综合服务转型，聚焦新型智慧体育休闲体验，发展各种室内外新型智慧体育健身娱乐活动，建设成运动休闲型体育小镇。

3. 康体型智慧体育小镇

康体型智慧体育小镇即以良好的生态环境为基础，以营造全新健康的生活方式为主题，以养生人群、亚健康人群和中老年人群为目标群体，以康体、养生、修心、教育等为核心，以体育运动为载体，形成的拥有完善健康硬件配套设施、康体运动项目、养生服务及养生居住四大体系的综合体。康体型智慧体育小镇相较于休闲型智慧体育小镇，具有低运动量、低运动频率、低风险的特征，可以是以温泉、负氧离子等独特自然资源为基础建立的小镇，也可以是以太极拳、瑜伽、禅修等传统人文资源为基础建立的小镇。

如平湖九龙山航空运动小镇，兼具休闲型智慧小镇和康体型智慧小镇特征，提出了打造以健康服务为主题、以航空运动为特色,强调健康生活方式的健康产业小镇。小镇按照"体育运动+养生养老"的导向,既包括航空运动、赛马运动、山地自行车等户外休闲运动项目体验,又包括康体保健、禅修文化、温泉中心等养生项目。小镇将健康旅游和体育禅修文化相结合,创新了国内健康运动产业发展模式,力图成为一个硬件条件佳、服务配套优、生态环境美的宜玩、宜居、宜游的健康生活小镇。

4. 赛事型智慧体育小镇

赛事型智慧体育小镇即以有影响力的单项体育赛事为核心,以与赛事相关的服务为延伸,以休闲体验活动为补充而形成的体育小镇。由于体育赛事是关注度最高、影响力最大的体育活动,尤其是国际性的大型赛事,因此成为某个体育细分项目的最高等级赛事的举办地,是每一个赛事型智慧体育小镇都在追求的目标。

如嵩皇体育小镇,位于河南省登封市三皇寨。小镇以"赛车乐园"为特色,已于2015年和2016年两度成功举办国家级汽车拉力赛事——中国汽车拉力锦标赛。比赛承载着众多赛车运动员及爱好者的瞩目,吸引了国内外许多赛车手,韩寒、樊凡、九球天后潘晓婷等名人均曾前来参与比赛。小镇集赛车体验、卡丁车赛场、飞行体验、射箭馆、拓展培训等项目于一体,借助中国汽车拉力锦标赛,走新型体育和旅游产业相结合的道路,衍生出以体育赛事、运动体验、休闲娱乐为主体的模式,是体育、旅游、宜居等多产业链综合发展的新平台。

6.2.3 智慧体育小镇的建设路径

我国的城镇化是一个不可逆转的趋势,越来越多的人会从第一产业中解放出来,在城镇中从事具备更高附加值的工作,这就需要进一步推动产业结构升级,扩大有效、中高端的要素供给。而体育产业板块中有很多板块就属于中高端供给,所以,体育产业和城镇化的有机融合是我国体育小镇发展的根本路径。

1. 充分把握体育小镇政策利好

从我国的政策导向上来分析,特色小镇后续文件和政策还会进一步出台,相应省市的配套文件和具体实施细则将会制定。一方面,由国家体育总局牵头,协商住建部、发改委、财政部多部门共同讨论体育小镇的总体要求、总体名称和总体措施;另一方面,各省市也应该由相应部门总体牵头,出台结合自身区域特征的体育小镇的规划文件和具体建设方案,从源头上防止多头管理或者无人管理。

2. 立足资源优势，拓展小镇特色

特色小镇贵在"特"字，而这种"特"正是滋生于小镇特有的自然与人文资源。如何依赖现有的自然与人文资源，打造体育小镇的特色，是决定体育小镇兴衰成败的关键。此外，小镇是以人的生产和生活为中心的环境系统，只有具有完善的结构和功能，才能满足人们居住、工作、休憩、交流四大活动功能。因此，智慧体育小镇的规划和建设，应多元化开发小镇功能。

智慧小镇建设前期需要对小镇所拥有的资源做好统计与研究，因地制宜，判断小镇开展何种体育活动的价值最大，然后围绕该种活动的产业链纵向延伸、横向拓展，带动相关产业的发展。例如，瑞士的 Davos 小镇首先凭借得天独厚的地理区位优势——天然的雪场与溜冰场，打造运动度假小镇。借助 Davos 论坛，立足会议，打造节会拉动型小镇，并在经济论坛扬名之后，进一步放大原有的"滑雪胜地"优势，继续做大旅游市场。

3. 完善基础设施与配套服务

完善的体育设施和配套服务是智慧体育小镇发展的基础，基础设施与配套服务的不足将制约小镇发展。为此，应立足智慧体育小镇的不同目标定位，完善相关基础软硬件设施与配套服务。例如，四川省成都市的金堂小镇，立足"互联网＋足球"的目标定位，充分利用其区位条件优越、气候条件适宜、交通路网发达、生态环境优美、配套设施完善、空间优势突出的特点，着力建构教育、赛事、互动、创业、社交、购物、旅游、医疗、金融、传媒、保险等配套服务体系，并利用线上和线下平台，形成了球迷凝聚力和规模化的市场资源。

智慧体育小镇的建设应依托互联网技术和思维。首先，政府可建立数据中心，对各传统行业、资源禀赋、市场状况等信息进行整合，由中心统一对数据进行处理分析，从而为智慧体育小镇的定位与建设提供更宏观、更科学、更实用的指导意见。其次，利用先进的信息技术，将当地的运动传统、人文资源和自然环境资源等进行有效整合，从而帮助小镇科学定位和成功转型。第三，运用大数据和云计算技术，通过数据的收集与整合，完善小镇运营基础数据建设，实现体育产业、功能、形态、制度的优化升级，避免同质化、趋同性建设。第四，充分结合当地体育类企业的优势、特点，引进当地企业技术力量及人才资源为智慧体育小镇的发展提供支持力量，促使体育小镇在合理规划布局下健康、持续地发展。

4. 布局体育产业，突出"体育＋"业态

智慧体育小镇重在体育，在体育赛事 IP、体育休闲娱乐体验、体育产品供应方面下功夫，同时延伸体育制造产业链，把"体育＋旅游"有效结合。目前来看国家体育总局、文化和旅游部两部委相配合，在推动体育小镇方面以体育植入旅游、以观赏向体验转型，增加消费时间和增加消费额度，有效地避免单一模式消费和增加循环式消费，这是一个维持智慧体育小镇发展的动力所在。另外在未来要突出"体育＋"的业态，不仅仅是旅游，而是把消费者的"体育＋养生""体育＋医疗""体育＋亲子"等协同发展，最终构建出以"体育竞赛""体育健身休闲娱乐""体育装备用品制造"等为标签和方向的智慧体育小镇发展路径。

6.3 智慧体育小镇实践——以重庆际华园体育温泉小镇为例

重庆际华园体育温泉小镇是国内首个集极限运动、时尚购物、温泉酒店与环球美食于一体的主题体验式休闲商业中心项目，由世界五百强企业新兴际华集团投资建设。小镇位于两江新区龙兴工业园区腹地，坐拥"一环四横四纵三轨"的交通网络体系，交通便捷，拥有较好的区位优势。这是国家体育总局首批重点打造的运动休闲特色小镇，以"体育＋旅游"为核心，以"五大基地"为基础，以"极限运动"为特色，以"一站式服务"为理念，打造西南地区最具国际化特色的体育小镇和极具吸引力的城市旅游目的地。

重庆际华园体育温泉小镇采取"1＋X"的商业模式，以"体育"为核心，融合了运动、文化、旅游、养生、购物休闲娱乐、赛事等多种功能，打造具有独特体育文化内涵的目的地中心，具体如图 6-1 所示。该模式中，体育＋运动包括潮流极限运动中心、冰雪世界、综合型体育场、体育休闲类、滑板主体公园等板块；体育＋文化是指各种行业俱乐部和行业协会、体育收藏博物馆、会议中心、儿童教育培训、儿童农场、青少年社会实践体验基地、企业团建基地等；体育＋旅游涵盖精品度假酒店、露天剧场、户外休闲体验营地、户外探索基地、自驾车露营基地、空中旅游景点、4A 级旅游景区；体育＋养生打造了温泉 SPA 度假中心、健康养生主体会馆体育健身主体广场；体育＋购物休闲娱乐包括奥特莱斯购物中心、电子竞技中心、环球美食餐厅、KTV 等；体育＋赛事即国家级赛事、市级比赛、民间赛事、丰富多彩的活动、新闻发布中心、体育主体会展交易中心等建设。

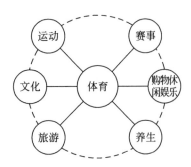

图6-1 重庆际华园温泉小镇"1+X"商业模式
资料来源：重庆·际华园体育温泉小镇规划设计方案

该项目划分为商业运动区、体育游乐区和体育配套服务区三大功能分区。商业运动区由极限运动中心、冰雪世界、奥特莱斯购物中心、精品酒店、环球美食中心、体育风情街、全民健身广场组成，以更时尚、更多样、更新鲜的气质，打造西南片区最大的集世界领先的潮流运动的商业运动公园；体育游乐区由山地运动乐园、大型体育乐园、大型水上乐园组成，形成国际领先、国内一流、西南片区最大的体育运动乐园；体育配套服务区由中小学生教育培训基地、体育产业总部基地、温泉度假康养区、国际体育小镇四大板块构成。完善的体育培训、专业的体育研发、高端的养生度假、全球的特色居住体验，合力打造国际最权威、最时尚、最品质的体育产业服务。

重庆际华园体育温泉小镇凭借综合的业态组合、前瞻的建筑规划和全方位的建筑功能，将城市的主体功能汇集，形成功能完备、空间形态丰富、特点鲜明的城市购物、运动、休闲、娱乐圈。项目建成之后，必然会成为重庆新的功能中心、重庆名副其实的"城市名片"，更是智慧体育小镇的典型代表。

第 7 章 智慧体育综合体

近年来,我国体育产业取得了较快发展,体育场馆越来越多地承担了除体育属性之外的功能,因此,体育场馆也有了新的发展形态——城市体育服务综合体。同样,智慧体育场馆的升级版本——智慧体育综合体的概念也应运而生。

7.1 盘活体育资源新尝试

"城市体育服务综合体"首次出现在 2014 年国务院发布的《关于加快发展体育产业促进体育消费的若干意见》(国发〔2014〕46 号)中,且在政府体育部门的工作报告中使用频率越来越高。由此,我国各城市掀起了投资大型综合性体育场馆设施、开发城市体育服务综合体的热潮。

2016 年,国家体育总局在《体育发展"十三五"规划》中提出"将场馆服务业归为重点行业,打造城市体育服务综合体,充分盘活体育场馆设施"。同年 10 月,国务院办公厅在《关于加快健身休闲产业的意见》中提出"鼓励健身休闲设施与住宅、文化、商业、娱乐等综合体开发,打造健身休闲综合体"。城市体育服务综合体作为我国体育事业进步的一种体现,既是促进体育和健康融合发展的重要载体,也成为了加快体育产业发展、促进体育消费的新的增长点。

至今,城市体育服务综合体的概念已提出四年,发展体育综合休也得到了国家及各地政府的高度认可和支持。但作为一项新生事物,其发展仍然处于探索阶段。体育综合体是体育产业发展过程中的必然产物,也将成为场馆行业的必然发展趋势。在国家和地方大力扶持的背景下,体育综合体的建设和发展能充分盘活体育场馆资源、体育生态资源和人文资源,促进无形资产开发,扩大无形资产价值和经营效益。

业内人士普遍认为,体育综合体是新时期体育消费升级的重要抓手,现已迎来了前所未有的发展机遇。体育综合体依托不同的资源优势,最终也会形成各具特色、不同发展模式的体育综合类型。未来它的功能将会更加丰富,服务也会更加人性化,而目前国内外体育综合体的建设和运营仍在摸索中前行,成熟的商业模式值得进一步探讨。

在互联网的浪潮下,各种新兴信息技术已经渗透到生活的方方面面。在体育场馆的建设和运营中,也更加关注线上与线下的融合发展、科技与体育综合体的结合,让体育综合体变得更为智慧。而智慧体育综合体能够降低人们对体育运动的参与难度,提升参与意愿,帮助扩大体育消费人口的增长,并能通过硬件智慧化水平的提升来提高用户的体验感受,增加用户黏性,最终帮助体育综合体拉动消费。

7.2 打造智慧体育综合体

体育综合体的概念来源于城市大型建筑群和城市综合体,其生成与发展建立在两者的基础之上,是当前我国大力发展体育产业促进体育消费的重要形式之一。此外,快节奏的都市生活要求现代人的生活方式更加高效,城市结构向着集约化方向发展。在体育锻炼成为人们生活必不可少一部分的同时,人们也开始追求一种工作、锻炼、休闲、娱乐等一站式服务的多功能空间,这样既能丰富人们的生活内容,也能满足人们对生活的需求,给人们的生活带来更多的便捷。智慧体育综合体是在体育综合体概念的基础上,体育产业驱动和综合体升级合力的产物。

7.2.1 智慧体育综合体内涵

"体育服务综合体"这一学术术语,最先出现于《关于进一步加强城市规划建设管理工作的若干意见》这一国家级规划文本之中,但是该文件并未对该概念进行内涵及特征的描述与解释。为此,学界具有学术敏感性的一些学者对体育服务综合体这一概念的特征和内涵进行了相关阐释。

2014年,刘言提出的体育服务综合体的概念:以竞技体育场地设施为主导,将多个功能单元集合,形成功能多样、布局优化的体育建筑综合体。它涵盖休闲、文化、娱乐、商业等一系列相互配套的且彼此相关联的功能集群的建筑综合体。

2015年,丁宏、金世斌将体育服务综合体的概念定义如下:所谓体育服务综合体乃是依托大型体育建筑,为实现多重功能聚合与放大,集聚并融合体育演艺、健身休闲、运动商贸、体育会展以及健康餐饮,形成一个多功能、一站式的公共体育服务以及体育产业经济综合实体。

2016年,蔡朋龙等人通过研究指出:所谓城市体育服务综合体是将体育场馆设施作为物质载体,通过产业融合实现体育与其他产业的多业态发展,其内涵主要突出了发展模式、发展目的以及资源整合的属性和要求。

依据国内外学者对体育服务综合体概念的阐述,本书认为智慧体育综合体是指在一定的体育资源、土地资源和信息技术基础上,以体育产业为主导,其他多个产业相融合,将体育赛事表演、大众健身娱乐、体育会展演艺、体育旅游服务、健康餐饮等多重功能集聚于一体的公共体育服务与体育经济发展的聚集体。智慧体育服务综合体是一个体育产业系统,是对新兴信息技术的充分应用,是智慧城市综合能力的表现。其中概念的理解要点如下。

其一,智慧体育服务综合体的载体只有一个:大型体育设施。

其二,功能多样化。智慧体育服务综合体不仅具有满足观看大型体育赛事的功能,而且具有体育休闲、商业会展、娱乐演艺、餐饮服务等多种功能。

其三,充分应用了新兴信息技术。智慧体育综合体区别于单纯的体育综合体最为关键的一点就在于智慧化程度,而智慧化程度则取决于信息技术的应用,包括软硬件设备的配套、更新与升级。

7.2.2 智慧体育综合体功能

智慧体育服务综合体作为新时代的产物,其功能设计与定位是需要进一步明确和完善的。如果功能设计不合理、定位不准确,将会导致功能低效甚至整个项目的失败,不能较好地满足人们的需要和诉求。本书研究依据杰克特劳特(Jack Trout)提出的"定位理论",从智慧体育综合体整体功能和子系统功能两个方面进行定位。

整体功能明确智慧体育综合体能做到什么,能发挥什么作用。子系统功能回答了实现整体功能自身所具备的功能,体现其开展的主要功能内容。智慧体育综合体整体功能定位包括资源整合、创新服务和促进智慧城市发展的功能。具体的子系统核心功能是体育服务功能,配套功能是商业、休息娱乐及居住功能,此外延伸出文化、科技及旅游功能,具体如图7-1所示。

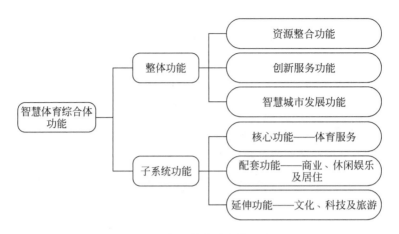

图 7-1 智慧体育综合体功能

1. 智慧体育综合体整体功能

1) 资源整合功能

智慧体育综合体的资源整合即优化资源配置,实现整体最优。总体而言,资源整合功能就是推动体育资源的社会化、市场化进程,进一步健全和完善"政府推动、市场拉动、行业联动"的运行机制,积极整合城市资源、市场资源及资金资源,落实智慧体育场馆的"科学发展观"。具体来说,首先,建立资源共享机制,以场馆设施为平台,通过与上下游产业的有机融合实现产业规模扩大,强化场馆设施与其他行业资源的整合,提高城市资源的集约化水平。其次,整合市场资源,将体育服务与商业、休闲娱乐、餐饮等业态有机融合,实现客源、产品、服务等整合。再者,引入市场机制,拓宽融资渠道,丰富产品供给,提高民间资本在体育资源配置过程中的投入比例。

2) 创新服务功能

智慧体育综合体的创新服务功能不仅体现在体育服务的质量和数量的增加,并且通过与消费需求的有效对接,进一步延伸或放射服务的覆盖范围。从城市居民体育需求来看,其体育项目植入不但数量大,并且覆盖范围广,让公民共享体育服务。从消费者需求层次来看,智慧体育综合体不仅满足消费者日常生活需求,包括超市、餐饮等生活服务类业态,而且满足消费者社交和享受需求,包括酒店、商务、办公及 KTV 等与消费者休闲娱乐、办公有关的业态,使得潜在消费人群由单一的体育消费者扩展到整个城市的消费人群。

3）智慧城市发展功能

如果在特定地区实施大规模企业投资或公共投资项目，这种投资会成为该区域增长的焦点所在。通过新建或改造的智慧体育综合体，其"硬件"设施和"软件"服务得到改善，为其他产业的进驻创造了良好的外部条件，吸引相关企业向该地区集中，形成集聚经济效应，从而延长城市新经济增长链条，为城市和区域的经济发展提供新动力。同时，智慧体育综合体设施齐全、功能配套及运作完善，往往会成为城市建筑的新地标、新景观，且其文化设施和服务的引入对当地文化传播和文化体系建设起到积极作用。智慧体育综合体并不是孤立的存在，它与智慧城市规划、发展构成一个相对有序的系统，且对周边城区和整座城市都存在一个平衡和适应的关系，影响范围多呈圆弧形对外辐射，表现出"智慧体育综合体开发效应"。

2. 智慧体育综合体子系统功能

1）核心功能——体育服务

智慧体育综合体作为一个聚合多元功能的系统，体育服务功能是其核心功能，即最大限度地满足消费者体育观赏或体验的消费需求。从目前综合体的发展来看，都是围绕体育服务实现全要素集聚和辅助设施高效配置，且各个业态之间具有相互渗透、相互支撑和互为价值链的能动关系。因此，智慧体育综合体的核心功能是体育服务功能，这也是区别于商业综合体、城市综合体的重要功能。

2）配套功能——商业、休闲娱乐及居住功能

核心功能在满足体育消费需求的同时，就必须创造配套功能，提高消费者的满意度，扩大消费。在综合体内部配套功能中依靠其自身所具备的资源优势而分别承担着不同的功能分工，具体表现在：商业功能，体育需要商业带来的衍生服务提高用户满意度，商业则需要体育的体验性、娱乐性来聚集人气；休闲娱乐功能，是穿插在综合体各个功能之间的供消费者休憩的场所，包括餐饮、电影院剧场等，如主题餐厅、酒吧、SPA、电影等休闲业态不仅在不同功能区联系之中起到"黏合剂"的作用，而且起到丰富综合体空间效果，增添综合体功能层次；居住功能，大多是以住宅或酒店的方式出现在智慧体育综合体建筑之中或周围。

3）延伸功能——文化、科技及旅游功能

发展智慧体育综合体既要立足体育干体育，也要跳出体育兴体育，加强体育与文化、旅游、科技等行业跨业融合，充分运用市场化手段整合配置包括体育在内的多种资

源,使体育与其他产业之间相互反哺和不断融合,延伸产业链条,扩大体育消费人口。智慧体育综合体的延伸功能包括:文化功能,通过提供图书阅览、声像资料、文化展览、演艺等服务和内容,支持地方文化发展;旅游功能,旅游可以通过多种方式融入进智慧体育综合体;科技功能,展示体育项目,销售体育产品。

7.2.3 智慧体育综合体模式

目前,国内已有部分体育场馆改造或设计新建为体育综合体,在建筑数量与业态组合方面已具备了体育综合体的雏形。在智慧城市发展进程不断加深的背景下,智慧体育产业、房地产业、特色商业等相关产业融合发展而形成的不同功能、不同形式、不同主题的综合体。因此按照不同的分类标准,就会有不同的类型,本书根据智慧体育综合体的功能划分为如下三大类型。

1. 运动场馆型综合体

运动场馆型综合体是以运动场馆设施为依托,包含了体育赛事、商业活动、运动休闲、娱乐文化等业态为一体的综合体。随着我国经济的飞速发展,大型国际赛事在我国相继举行,智慧体育综合体的建设和发展也越来越重要。运动型体育服务综合体主要为解决举办大型体育赛事和娱乐文化活动提供了有力的载体。例如,杭州黄龙体育中心、济南奥体中心、上海虹口足球场、南京奥体中心等都是运动场馆综合体最为典型的代表。

2. 体育休闲型综合体

体育休闲型综合体是以体育文化为形象定位,综合了体育比赛、商业会展、休闲娱乐、文艺演出、酒店住宿等多种业态的体育服务综合体。它是将运动休闲、康体保健、体育文教、度假游憩等体育产业服务项目集聚起来,突出体育运动特色主题、从而实现体育与商业的无缝融合,从而有助于体育与商业的竞争优势及能力的提升。典型案例有:北京奥体文化综合区、深圳观澜高尔夫、杭州奥体博览城等。

3. 商务会展型综合体

体育商务型综合体是在特定的区域层面上体育与商业地产的相互结合,通过体育在旅游、商贸、零售、休闲、游憩等方面的形象与功能复合,从而驱动特定城市空间的快速发展。将城市体育服务综合体融入商务休闲,可以通过体育特色主题的彰显,赋予特定的商务休闲产业有别于同业的差异化特色,从而有助于高端品牌的进入,并能扩大中高端消费群体,增加这些消费群体的格调与品位。其中,广州天河体育城是此类型的代表。

7.3 智慧体育综合体实践——以华熙 LIVE·五棵松为例

五棵松体育馆是 2008 年北京奥运会篮球比赛场馆,也将是 2019 年男篮世界杯的比赛场馆之一,同时还是 2022 年冬奥会冰球比赛的主场馆。"华熙 LIVE"是以打造文化体育、文化娱乐为吸睛点,融艺术、教育、生活设施为一体的一站式时尚生活综合体,具体包括五棵松体育中心篮球馆、汇源空间、Hi-Park 篮球公园、Hi-Central 文娱广场和 Hi-UP 配套设施,形成了五大功能互补的公共空间。体育场馆的赛后利用是世界性难题,但华熙国际借鉴世界先进的建筑设计和运营管理理念,将五棵松体育场馆群打造成国内智慧体育场馆综合体运营管理的标杆与典范。

与靠租金和政府补贴过日子的场馆相比,五棵松体育馆早已进入的体育综合体阶段,即以丰富多彩的体育、娱乐活动内容为核心,配以吃喝玩乐等休闲娱乐设施,打造集运动、娱乐、休闲、餐饮,甚至办公、住宿为一体的新生活体验地。近年来,华熙 LIVE 已悄然启动了智慧综合体计划,利用互联网技术,提升综合体的智能化水平,优化观众的观赛、观演和消费体验。通过将"华熙 LIVE·五棵松"的模式在全国落地,形成场馆联动,提升智慧体育综合体的价值。

1. 华熙 LIVE·五棵松的智慧化进程

随着互联网与物联网的结合,微信等媒体逐渐成为当今媒体宣传的主流阵地,云空间内诸多无形资产空间有待开发利用,且成本低、宣传效果好。据统计,华熙 LIVE·五棵松现在共运营的微信公众平台有 8 个,分别是"五棵松 Hi-Park""华熙 LIVE""华熙 melive""华熙 LIVE 五棵松""这里是五棵松""五棵松文娱""华熙 LIVE Hi-Up 五棵松"和"华熙 LIVE Hi-Up"。这 8 个公众平台侧重点都不相同,从各个层面提供场馆服务,加强场馆的品牌效应以及多维度无形资产的开发利用。

公众号的运营,突破了传统微信公众号以简单文章撰写推广的方式,结合了较多的第三方程序和平台,致使华熙 LIVE·五棵松的微信公众平台更多是对于五棵松场馆的功能性运营,与周边交通、餐饮、商业联动,为消费者从各个维度带来便利服务,为周边产业和场馆带来了更多的经济效益。

2016年10月,华熙LIVE·五棵松联合微影公司开发了名为"华熙LIVE"的手机客户端,主要是为消费者提供一系列演出赛事的资讯、场馆介绍、购票、周边商品、社区互动等功能。手机客户端增加了场馆停车场车位预约功能,球迷在观赛前可以在线预订停车场并缴费,缴费成功后会收到二维码。在现场就可以直接扫码,将车停到指定区域。在手机客户端"停车系统"页面,会出现青岛啤酒的赞助广告,轮播图和周边商品也有相应的广告露出,促进了场馆和商业合作伙伴无形资产和广告位置的开发利用。

虽然,在华熙LIVE·五棵松运营的微信公众号以及手机客户端的服务内容还处于初步探索阶段,但已经开始凭借综合体的智慧化,慢慢吸引到周边产业的注意,逐渐趋于深入跨业融合。

2. 从五棵松到全国

"华熙LIVE·五棵松"是华熙集团打造的第一个"华熙LIVE",包括吃、喝、玩、乐、配套设施五大功能不同又相互补充的空间。除了举办各类大型体育赛事,五棵松综合体还占据着北京市大型室内演出80%的市场份额,现已成为全国大型文化、体育、娱乐活动的标杆性综合体。

为了给广大的乐迷朋友提供一个可以找寻理想音乐的家园,华熙集团将M空间进行了升级改造。在这里,乐迷们可以站着听音乐会,可以和明星偶像近距离接触和互动,享受极致的音乐体验。在五棵松综合体西南角,华熙集团为广大的篮球爱好者兴建了全球最好的群众篮球设施——Hi-Park篮球公园,并将国际篮联(FIBA)针对草根篮球爱好者的三对三大师赛、华熙自主创办的华熙B·One联赛、社区篮球等群众篮球赛事以及篮球训练营落户于此,目前这里已经成为北京篮球爱好者心目中的篮球圣地。

针对时下年轻人的需求,华熙国际在Hi-Central文娱广场创办了各种新潮、炫酷、可进行互动体验的娱乐活动,如每年的复古集市、僵尸来袭、创新科技动漫节等。2016年秋季,一个总建筑面积达五万多平方米的吃喝玩乐新生活体验地——Hi-Up,在五棵松东北角亮相。这里有亚洲最大的苹果体验店,有LIVE House、时代美术馆以及各类时尚餐饮、酒吧等。另外,华熙国际还计划在五棵松投资建设两个国际标准的冰上运动训练馆Hi-Ice,并引进冰球培训乃至冰球联赛。目前五棵松智慧体育综合体每年举办演唱会、体育赛事、文娱活动等近500场,吸引人流约500万,已然成为北京最具活力的体育娱乐新地标,真正为北京打造了年轻人愿意前来休闲、娱乐、运动、社交的活力中心。

"华熙LIVE·五棵松"可以说是一个样本,华熙集团计划在未来三到五年时间内,在多个省会级重点城市复制五棵松智慧体育综合体的成功模式,使华熙LIVE成为当地的活力中心,成为当地的文化体育新地标和城市名片。

华熙集团实现管理输出,依托华熙LIVE·五棵松智慧体育综合体的成功模式和丰富的体育、文化、娱乐资源,在全国范围内进行场馆管理输出,主要业务包括管理咨询、托管运营、投资建设加运营。现有项目除华熙LIVE·五棵松外,还有成都的528艺术村和重庆的巴南文化体育中心,并计划在近年内在省会城市或副省级城市建设20个文化体育城市综合体项目。华熙LIVE凭借其突出的地域优势和先进的运营管理模式成为我国智慧体育综合体的排头兵,并通过管理的输出,帮助更多的地方进行智慧体育综合体开发和场馆的多元化运营。

第8章 智慧体育平台

智慧体育与互联网不断融合发展,体育产业的信息化发展已经成为趋势,智慧体育平台作为体育产业信息化的重要产物,逐步兴起并且发挥作用,这对智慧体育的可持续发展具有极大的价值。智慧体育平台进而成为信息发布、资源整合的互动平台,促进产业快速发展。

8.1 运动空间的共享共建

随着体育产业的跨越式发展,传统的体育场所和运动空间已不能够满足人民的需求。智慧体育平台是一个信息化的过程,即通过网络平台连接线上线下,以满足信息获取者的需求,通过平台开展商务合作,提供多元化定制服务。

8.1.1 体育平台存在的问题

目前,传统的运动空间,无论是硬件设备还是软件设施都在一定程度上得以升级。且依托互联网信息技术的不断更新,已经出现了一些体育线上平台。但这些平台基本处于发展初期,还存在线上线下严重脱轨、资源整合不足、缺乏独特的商业模式、未能激发用户热情等诸多问题。

1. 线上线下严重脱轨

此前,很多约教练、约场馆类体育O2O项目倒下,主要原因就是这些互联网体育平台的创业者们大多为互联网领域出身,他们虽然略懂互联网思维,但是缺乏线下的体育资源和运营经验。这类体育O2O不同于其他平台,最为重要的还是线下体验环节。

一方面，这类体育O2O平台无法保证线下场馆、教练的服务质量，导致用户在线下的体验不佳，但是用户却会把责任推到平台上。另一方面，很多体育O2O项目依托大量资金投入达成了前期的交易之后，教练、场馆等往往会私下与消费者建立联系，绕开平台，最终平台沦为摆设，只是为线下场馆做了嫁衣裳。

搭建线上平台是为了帮助品牌扩大知名度，并聚集大量的粉丝，但是线下运营才是形成闭环变现的关键所在，然而大多数的创业者却忽视了这一点，简单认为自己只需要搭建一个线上平台，就能成为这个领域的平台级独角兽，忽视了只有将线上线下有效结合起来才是体育O2O的关键。

2. 资源整合能力不足

从体育场馆、综合体、公园到小镇，全球各地都零散地分布着体育资源，无论是体育设施，还是体育场馆，都没有被充分利用。场馆闲置浪费，教练和课程资源也没有足够的宣传力度，一些免费的健身设备并没有发挥该有的作用，有的盈利点也没有被充分挖掘。这些都是体育资源的利用不充分，以及体育产业的发展不健全问题。

体育产业本身就存在着资源整合的需求，若能充分利用体育平台实现线上线下的无线连接，优秀的体育课程便能够分享到世界各地。此外，用户也有信息获取的需求，通过线上平台，能够轻松了解到附近的体育场馆和教练课程等资源，不仅能节省人力、物力成本，更能使资源得到充分的利用。除了日常的健身锻炼，用户有增值服务和个性化体验的需求，而目前基于传统体育产业发展模式，很难提供高质量的服务。这不是资源的缺乏，而是资源的整合能力不足引起的资源严重浪费。

3. 缺乏独特的商业模式

与多数的O2O创业者一样，互联网体育平台的创业者们大多还是选择了同样的思路：先从投资人手中筹集到钱再说，然后疯狂烧钱砸市场砸用户，再以用户去获得下一轮融资。如此形成恶性循环，平台却始终无法实现盈利，而投资人最终关心的还是平台能否给他们带来盈利分红。

融资只是帮助互联网体育平台进行扩张的一种渠道，而不能成为平台持续发展壮大的一种运营模式。如果一家体育平台能够一直持续不断地盈利，它自然也就不会担心短时间是否会死亡的问题，平台若想真正走得长远，还必须拥有自身独特的商业模式，如此才能在这场大战中走到最后。

4. 未能激发用户热情

对于那些不经常参加体育运动的人来说,体育就会成为一种低频事件,但是对于那些每天都坚持运动的人来说,体育则是一种高频事件。当然,能够坚持每天都运动的人只是少数。那么,一个互联网体育平台要想保持持续的高活跃度,就必须把这种低频转化成高频。

对于如何提升平台用户的健身频率,很多平台都没有更好的办法,他们在花钱抢夺了用户之后,却没有继续设法提升用户的留存率。此外,多数平台所满足的仅仅只是用户健身的需求,却并没有想办法去满足用户健身之外的需求,如与运动相关的社交、身体健康管理等。这样便没有从根本上提高用户对运动和健身的热情,改变用户的运动习惯。

8.1.2 智慧化平台建设意义

国家体育总局在《体育发展"十三五"规划》中提出引导和支持"互联网＋体育"发展,鼓励开发以移动互联网为主体的体育生活云平台及体育电商交易平台。体育平台的功能优化将是体育信息化进一步发展的必然选择。而全新的更趋智慧化体育平台的成功建设,无疑对平台用户、企业商户、政府机构等各方主体,都具有十分重要的意义。

1. 用户运动好帮手

对于用户,智慧化的平台能够成为运动健身的好帮手,不仅可以解决普通用户"健身去哪儿""怎样健身更科学"等问题,为用户提供真正的一站式运动健身服务,提升用户的运用健身体验,还可以为体育运动员提供专业化的体育训练指导。

健身去哪儿?智慧化平台告诉你。智慧化平台在完善全民健身场所、设施及健身路径的基础上,通过完整的全民健身地理信息系统,着力帮助用户解决健身场所信息不对称的问题。先进的GPS定位系统,使平台可以精准标注全民健身中心及健身设施的路径和位置,并实时更新各场所及设施的现场状态及使用状态,便于用户实现就近便捷健身,真正实现有地可去、随时能去、想去就去。

在智慧化平台的帮助下,用户的运动健身活动将更有个性、更科学。通过接入全国范围内所有符合资质的全民体质检测中心,盘活各地国民体质监测站资源,智慧化平台可以手握大量运动健康数据。在这些数据资源的基础上,智慧化平台可以为用户建立独立的体质档案,生成"健康树",进而为用户提供适度、科学、合理的健康指导及运动建议;通过数据挖掘及数据间联系的建立,实现对智慧化平台用户健康档案的追踪、分析;并通过与体医结合、运动康复等模块的联动,为用户开出深度、个性的运动处方。

同时,智慧化平台还可以大幅提升用户运动健身的专业性。智慧化平台通过构建体育社会指导员与健身人群间的互动体系,以及教练员分级制度,使普通用户与专业教练之间的距离不再遥远;并通过直播、录播等方式,真正实现健身人群与社会体育指导员双方的即时互动,形成共享教练的共享健身模式。而对于专业运动员,智慧化平台配合智能化穿戴设备,则可以通过实时的运动数据采集,直接为运动员提供专业的运动指导。运动员可以通过智慧化平台,实时上传、下载当天及前一天的训练量身体机能指标、饮食/热量摄入量等数据。这些数据与智慧化平台内的历史数据及优秀运动员数据相联系、对照,可以指导运动员的训练量、饮食、伤病恢复、状态调整等活动,使运动更专业、更科学。

此外,智慧化平台可以为用户提供一站式的运动健身服务。凭借跨越时空的优势,智慧化平台可以将相隔千里的运动场所及设施信息紧密地联系在一起。通过对不同端口数据资源的有效整合,用户可以通过一个平台,享有健身场馆预订、体质监测、运动成绩统计、团体项目约战、业余比赛组织信息查询、专业体育装备购买等服务内容,真正实现一站式便捷服务。

2. 企业决策指导者

对于体育场馆的运营企业,智慧化平台的一大优势在于指导企业对场馆资源配置进行不断优化。智慧化平台的开放、透明性,使用户可以实时查询每个场馆的运动人数,了解每个场馆的人气值及运动时间排行,通过信息综合形成最优选择,推动用户对场馆的选择更趋理性。如此,既能有效避免信息不对称造成的资源浪费,更促使场馆运营者更好地认识自身场馆的优势与不足,进行自我升级、自我优化。同时,智慧化平台的资源整合效应,为场馆搭建起宣传展示的统一窗口,可以有效实现用户导流,提升体育场所的利用率,为企业商户带来商机。

对于体育装备生产企业,智慧化平台的一大优势在于指导企业调整生产经营方向,更好地实现良性发展与竞争。由于手握大量专业体育训练、运动员裁判员综合信息、全民健身运动现状与偏好、场馆信息等数据资源,智慧化平台可以通过数据挖掘与分析整合,以会员制的方式向体育装备生产企业提供上述数据,从而对体育装备企业调整生产经营方向提供有针对性的指导重点。

3. 政府决策助力者

智慧化平台是政府决策的助力者,其不仅能够有效助力政府决策的制定,更有助于推动决策更好地落地实施。

统一的智慧化平台,可以有效推动政府部门从经验决策走向数据决策,为体育产业工作方向及政策措施的出台提供基础支撑和决策辅助,真正实现"用数据决策""用数据管理""用数据服务",推动政府决策更高效、更科学。

智慧化平台所拥有的用户、商户等数据沉淀,可以对竞技体育、全民健身、体育产业等发展现状进行即时响应,便于政府机构及时调整、发布相应政策;通过产业导向、税收导向等方向的政策调整,实现社会体育资源应用的最大化。以体育产业为例,智慧化平台可以通过以数据说话,不断推动产业政策的群众服务属性提升,科学有效地引导体育产业聚合,避免产业扎堆、重复建设所导致的整体发展不良现象发生,推动体育产业的转型升级。

除了助力政府决策的制定与调整,智慧化平台更能有效推动政府体育决策的落地实施。智慧化平台的存在,为全民健身提供资源渠道和要素保障,便于政府为人民提供更优质的体育服务。智慧化平台对全民健身设施的信息化接入及管理,有利于建立一批真正在用户身边的全民健身场所,有效解决"到哪儿健身"的问题。智慧化平台对场馆、赛事、教练、培训、体育旅游、社会指导员等信息资源的整合,可以有效地实现体育信息的数据化、公开化、透明化,解决广大群众"如何科学健身""如何个性化健身"等问题,提升全民健身的质量与频率。由此,智慧化平台作为政府对群体惠民政策的实施平台,能够助力便民、惠民、利民体育政策的落地,有效打通群众与体育运动服务供给之间的壁垒,根据群众需求不断挖掘旅游、健康、养老等生活性体育产业服务,实现人民日益增长的美好生活需要和体育服务供给之间的平衡。

8.2 搭建智慧体育平台

互联网时代的到来,对我们的生产、生活产生了重大影响。同时互联网为体育的发展提供了强大的动力。当前,我国努力实施"互联网+"战略,积极推进各领域与互联网的深度融合。智慧体育平台正是体育与互联网的融合并顺应时代的产物。

8.2.1 智慧体育平台的概念

当前互联网平台的蓬勃发展,为各项事业的发展创造了良好的条件。体育事业借助网络平台,一方面可以为体育场所的运营增添生机;另一方面通过互联网技术手段的运用,为普通民众提供更好的运动体验,让每个人都能充分感受体育的魅力。地方体育主管部门也可以利用智慧体育平台,盘活体育场馆资源,为大众健身提供服务,人们也可充分享受到价格低廉的体育公共服务。

国内较早明确提出网络平台概念的是在管理学领域,段文奇、赵良杰、陈忠在《网络平台管理研究进展》中将网络平台解释为类似于阿里巴巴电子商务平台这样的网络系统,从双边市场和多边市场的角度对网络平台的管理进行了研究,认为平台需要多方参与,网络平台的高效益得益于各方的质量和规模。

智慧体育平台是网络平台的类型之一,由于互联网时代受众细分化趋势越来越明显,专业性平台也就应运而生,专门为体育受众提供服务的网络平台也就因此而诞生了。从经济以及技术背景的角度出发,网络体育平台的诞生得益于人们日益增长的体育需求以及互联网技术的发达,而网络体育平台的发展又促进了互联网技术与体育的相互融合与创新。而随着信息技术的更新与升级,网络体育平台又逐渐趋于智慧化。智慧体育平台不同于传统体育产业的价值链产生规则,它是一种典型的双边市场,在其发展过程中,平台要解决的不仅仅是用户需求不断增长与自身能力有限之间的难题,还要增强用户黏度,树立良好的网络口碑,通过一系列的网络营销策划,达到良好的传播和服务用户效果。

综合不同学者对网络平台的相关研究,借鉴其对不同网络平台所下的定义,本书将智慧体育平台的概念界定为:智慧体育平台是以网络为载体,以新兴信息技术为技术支持,以满足社会大众多元化的体育需求为目的,建立起体育运动爱好者与各体育场所之间的信息通道,通过整合体育场所资源,并集成体育场所相关的各类信息及服务,为群众提供完善的体育信息的综合性的智慧网络服务平台。

更具体一点,智慧体育平台是基于全民健身大数据所构建的,满足政府对人民群众投身全民健身运动保障的综合性服务平台。智慧体育平台涵盖面向大众的全民健身平台,以及面向商户和政府机构的全民健身数据监控中心。其中,全民健身平台包含场馆管理、教练预约、竞技赛事、运动资讯、体育医疗、运动社交、电子钱包、优惠券发放等功能,与全民健身大数据监控中心紧密关联,通过数据串联、数据分析、数据共享打通全民健身线上线下行为，并通过平台、数据、政策、服务之间的良性互动，推进相关工作的落地与实施。

目前智慧体育平台正朝着功能化、信息化、个性化的方向发展。越来越多的智慧体育平台更加具有综合性，为满足用户的多种需求，提供了丰富的功能板块。这些平台一般都具有以下两个特点。一是信息更新的及时性。当今时代是个信息化高速发展的时代，每天都会产生海量的信息资源，面对日新月异的信息资源，智慧体育平台也应顺应着时代的发展走向信息化，也应涵盖更多更新的信息，并及时地发布。二是良好的交互性。智慧体育平台的发展不能仅停留在信息资源的单纯发布上，还应为用户提供更多便捷的线上服务，让用户真正体验到网络时代所带来的便利。人们可以把平台作为体育活动交流的网上社区，可以便捷地沟通和交流，体验更为多样化的服务。

8.2.2　智慧体育平台类型

从运营模式和营利性质上，智慧体育平台可以分为营利性平台与非营利性平台。其中，营利性平台指以提供给体育用户服务获得经济利益为主要运营模式的智慧体育平台，包括综合型智慧体育平台、垂直型智慧体育平台以及社交型智慧体育平台三种类型。非营利性智慧体育平台专指免费为体育用户提供体育服务、承担社会体育政策与文化传播作用的平台，这些平台在国内一般都是由政府所创立，如国家体育总局官方网站。

1. 综合型智慧体育平台

综合型智慧体育平台是互联网时代的产物，这种平台一般都是以提供体育类资讯为主要服务内容。目前，此类型的网络体育平台，不仅有从原来传统门户网站独立出来的腾讯体育、新浪体育、搜狐体育、网易体育，还包含了一直以来都在专注做体育传播产业的虎扑体育网、乐视体育、直播吧等新秀代表。

前者以强大的传统门户类网站为依托，而且有些平台背靠许多社交网站，如新浪体育有着公共社交网络新浪微博，而腾讯体育更有着强大的微信朋友圈，这些综合型智慧体育平台的受众覆盖面比较广，其隐藏的商业价值较高。后者不同于传统门户网站所独立出来的智慧体育平台，从一开始就专注于体育内容的传播，虽然都是新秀代表，但是凭借各自在不同领域的专注性，也是各有特色。

2. 垂直型智慧体育平台

相较于综合型智慧体育平台，垂直型智慧体育平台的专业性更强，目标受众更加的精准，内容上也更加注重某一项体育活动，而较少涉及体育之外的信息传播。由于专业性较强的要求，垂直型智慧体育平台在内容挖掘与信息服务上都更加倾向于深度衍生。在这一类型的智慧体育平台中，以 NBA 官方平台为代表。

3. 社交型智慧体育平台

社交型智慧体育平台不仅是传统网站平台的延伸，也是个人体育爱好者以及体育从业者发声、表态、传播体育信息和文化的重要平台。随着移动互联网的飞速发展，以新浪微博、腾讯微信等移动社交平台为主的信息传播渠道已经逐渐成为人们日常社交的重要阵地。社交型智慧体育平台在一定程度上丰富了智慧体育平台的类型，也拓宽了体育传播的渠道。

此外，同样需要依靠社交平台的还有一些健身 APP，它们都需要绑定手机账号或是社交账号。这种社交类的健身 APP 的优势就在于通过绑定社交账号更容易与微信、新浪微博的好友一起参与体育健身活动，也许各自"天各一方"，但是却可以通过此种渠道同时进行一项活动。平台中的各种线上实时排名，激发了健身者的健身热情，提高了体育活动的参与度，可以实现线上推动线下，积极地推进了全民健身战略的实施。

4. 非营利性智慧体育平台

非营利性智慧体育平台主要包括政府官方网站或是非政府组织所创立的以服务人民群众体育活动为主要目的的智慧体育平台，此类智慧体育平台在我国以国家体育总局以及各级地方政府的体育局官方平台为代表。

8.2.3 行业发展案例集锦

任何一个行业的发展都有曲折，不能因为一些平台的倒闭而否定了整个行业的价值。对于大多数的创业者们来说，如何找到属于自己的差异化才是他们避免恶性竞争、赢得用户的关键所在。同质化严重是当前互联网体育创业的一个非常严重的现实问题，而阿里体育、Feel 健康、暴风体育的不同差异化模式则给了创业者们一个很好的借鉴。

1. 以消费连接用户的阿里体育

自从马云在 2014 年 6 月以 12 亿元入股恒大足球俱乐部之后，就已经向外界透露了一个非常重要的信号：阿里准备进军体育产业。到 2015 年 9 月，阿里巴巴正式成立了阿里体育集团,尽管布局较晚,但阿里巴巴表现出了强劲的势头,2015年12月,阿里巴巴成为国际足联俱乐部世界杯2015—2022年的独家冠名赞助商。2016年,阿里体育的进军势头同样非常迅猛,先后与美国职业橄榄球大联盟 NFL、国际拳联、中国乒乓球协会、中国羽毛球协会、国际电子竞技联盟等达成战略合作。

阿里体育依托自身强大的电商基因、大数据优势,把体育运动的提供者和消费者连接起来,为消费者做好服务。未来,阿里体育的会员不仅会与淘宝、天猫、支付宝的用户打通,也会与各项赛事、协会的会员信息实现对接,完成在各个协会、官方或民间的赛事组织方的信息获取和兑现,包括参赛报名、衍生品购买、赛事观赏等。

阿里体育的优势除了其强大的资金实力、品牌优势等方面之外,最值得互联网体育创业者们学习、借鉴的还是他们善于扬长避短,做自己擅长的事情。他们不会一味盲目用钱砸用户,盲目和乐视、腾讯等平台进行版权竞争,而是试图通过赛事的运营,让用户对运动产生兴趣,进而为用户提供诸如培训、体育场馆的运营、票务等系列服务。随着阿里体育平台的不断成熟,必会吸引到更多的 IP 和赛事运营公司,最终使整个平台形成一个类似天猫、淘宝的 B2C 或者 C2C 供需平台模式。

2. 以健康连接用户的 Feel 健康

Feel 健康平台的发展时间实际并不长,但是发展速度却非常迅猛。对于 Feel 健康平台的成功,有以下三点值得借鉴。

其一,运动社交建立了较强的用户黏性,提升了平台的用户活跃度。在 Feel 健康平台中,共拥有 7 万多个群组,其中数十个社群小组的用户数量超过百万。基于健身、减肥、增高、搭配等各个不同的目标、爱好和习惯自发形成不同的垂直兴趣社群,让用户能够通过平台找到兴趣相投的同类,建立社交圈子,极大增加了平台中用户的留存率。

其二,Feel 移动健康助手解决了用户的不同健康目标,它们通过增高、减肥、健身、跑步、护肤美颜、兴趣爱好、生活习惯等不同打卡分类,帮助用户追求健康身体。同时,糅合了达人教练的专业指导和 16 项工具功能的不同维度数据记录,让多种类型的训练同样由简单的打卡形式完成。

其三,Feel 健康平台能够得到投资人的认可,还在于它连接性战略,整合了线上线下的多个健康场景。用户从线上的教练视频教学、达人教练的私人辅导,到线下的健身房实体店合作,以及参与体育赛事来完成连接闭环。用户在健康上的场景没有单一局限在家庭或者健身房场地，这让用户可以在各种情境的刺激下持续使用，有助于他们对于枯燥训练的坚持。打通不同的运动场景，是 Feel 健康平台模式最为成功的地方。

3. 以赛事连接用户的暴风体育

暴风体育成立的时间更晚，2016 年 6 月，其与 MP&Silva、光大证券合作，在体育版权、内容、互联网服务和 VR 领域等进行全面布局。暴风体育希望借助互联网电视、VR 等新技术，提升体育赛事的用户观看体验来实现人与体育更好地连接，让人与体育发生更高频的关系，这都是值得创业者们借鉴之处。

从赛事内容方面来看，暴风体育已获得 2016—2017 赛季中超联赛新媒体转播权，成为赛季 CBA 联赛官方合作伙伴，并成为中国男篮国家队官方赞助商、中国女篮官方 VR 视频合作伙伴。暴风体育还发布了中超计划、CBA 计划、欧洲杯计划、奥运会计划，这些计划包括一系列为用户提供顶级体育内容、定制化赛事、定制化内容服务等，届时暴风体育还将邀请郝海东、邵佳一等体育大咖担任相关赛事的解说。

从平台的用户体验来看，暴风体育通过在内容和技术两个方面来提升用户的观赛体验。在赛事内容上将为用户提供数据、图文、评论视频的服务，同时还会进行多元化场景的链接，链接现实和虚拟，将 VR 与体育更深入地结合。

而从用户的积累来看，此前暴风体育已经借助暴风影音积累了一批对于体育赛事感兴趣的视频用户，以这些用户作为暴风体育赛事的基础，通过借助更受欢迎的赛事 IP 布局和更好的用户服务，便能够吸引更多的体育用户，最终实现人与体育的连接。

8.3 智慧体育平台实践——以天行健网为例

天行健网是国家体育总局推动，由国家体育总局体育信息中心负责建设，旨在通过信息化手段、互联网思维和市场化运作打造全民健身互联网服务平台，目的是改善和推进现有的国家全民健身公共服务体系，顺应共享经济的发展思路，实现全民健身活动的普及与推广，达到全民健康的目的。

"天行健-全民共享健身网"主要由"天行健 APP"、国家体育总局及其各省市全民健身数据中心、配套政策法规三部分组成。天行健网有三大版块与三大工作体系，分别是以城市为单位的市场落地版块、面向 C 端的 APP 建设版块、以赛事活动为纽带的互动版块三大板块,对应城市落地单位、产品研发单位、赛事活动策划单位三大工作体系。该项目由国家体育总局牵头,通过整合政府、协会、商家、体育从业人员等社会资源,以体育＋互联网＋物联网＋大数据的手段,进行全民健身场所的信息化改造,优化全民健身场所和社会资源配置,最终促进全民健身的良性循环,打造出全功能、全生态系统的运动公社。

1. 天行健网建设系统

天行健网主要建设系统包括体育综合信息服务平台、体育场所智慧化系统及体育数据监控中心。

1）体育综合信息服务平台

体育综合信息服务平台涵盖场馆资源、教练资源、赛事信息、工作动态、运动健康、体育小镇/旅游等功能模块,旨在结合当地体育特色,通过打通运动场所与运动人群之间的桥梁为基点,构建体育、旅游、文化多产业联合发展体系。此外,平台整合当地体育场馆及室外公共健身区域信息,实现运动场所的信息化、公开化、透明化,解决广大群众"到哪儿健身"的问题。

2）体育场所智慧化系统

体育场所智慧化系统采用最先进的人脸识别系统,以一卡通为原则,打造整个体育场馆的智能化硬件体验配套。其场馆经营管理系统主要包含场地预订、票务售卖、商品售卖、会员管理、营业报表、用户角色分配等功能模块,是帮助体育场馆实现信息化管理的有效手段。

3）体育数据监控中心

体育数据监控中心打造完成后,将是政府机关对全市体育健身场所及相关产业数据把控的有效手段。如通过人流识别可以把控每个运动场所的客流量,通过网络视频直播监控可以任意查看健身场所的实时画面等。

2. 天行健网功能模块

整个天行健网项目的最终目标是将场馆、教练、赛事、体育旅游等相关资源"一网打尽",通过互联网及物联网手段收集分析各项数据,全面把控体育产业发展情况,并为未来制定各项决策提供数据参考。因此主要的功能模块涵盖健身、场馆、赛事、培训等一系列服务。

1）全民健身信息化平台

全民健身信息化平台旨在通过信息化手段、互联网思维和市场化的运作打造全民健身互联网服务平台，改善和推进"国家全民健身公共服务体系"，顺应共享经济的发展思路，实现全民健身活动的普及与推广，是国家全民健身公共服务体系的有益补充。具体如图8-1所示。

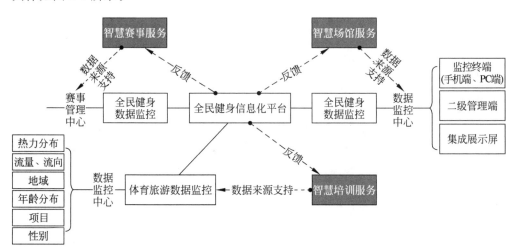

图 8-1　全民健身信息化平台

资料来源：天行健体育产业有限公司

2）智慧场馆服务

智慧场馆服务是以信息化手段推进场馆管理的精细化与服务流程标准化；运用互联网技术突破传统经营中的空间与时间限制，推进体育服务产品的拓展和创新；运用大数据技术助力运营模式创新和在线管理；智能化软、硬件设备相结合，服务运动人群，打造科技场馆形象，提升用户体验，增加场所运营附加值。具体如图8-2所示。

3）智慧赛事服务

智慧赛事服务平台提供强互动性、高透明化的赛事体验，是合理办赛、科学办赛、成功办赛的有效支撑。天行健网可以通过导入各项大型赛事和活动，成为各种群众赛事和活动的互联网入口，协助各种赛事和活动进行传播和推广，进行各种赛事活动的实时数据挖掘与实时视频挖掘，通过实时数据和视频的挖掘留存，协助各地政府、体育局掌握各项赛事或活动的实际数据和现场情况，以效果为导向更好地利用自身或者社会力量，进行群众喜闻乐见的全民健身活动或竞赛开展。具体如图8-3所示。

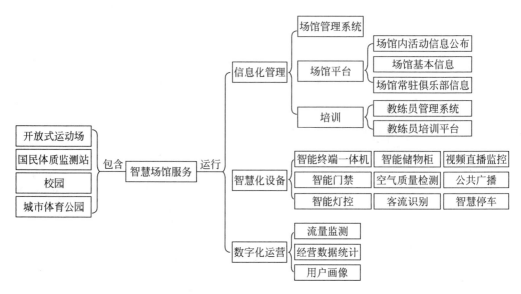

图 8-2 智慧场馆服务

资料来源：天行健体育产业有限公司

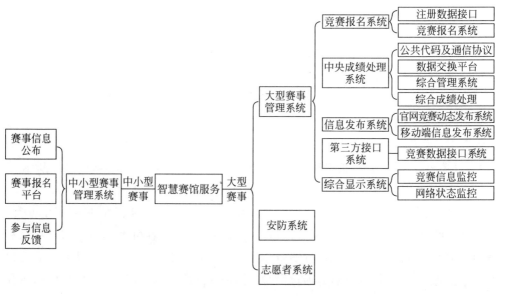

图 8-3 智慧赛事服务

资料来源：天行健体育产业有限公司

4）智慧培训服务

智慧培训服务聚焦体育运动培训，以天行健培训服务系统为依托，实现对学员报名、选课、签到、上课进度、学习情况等多维度全方位的实时监控管理，并为教练的考勤、排课，学员的学习情况把握及与家长间的互动沟通等提供强有力的技术支持。天行健网可以将教练、学员、家长这体育培训的三方主体高效链接起来，通过"训、科、医、管一体化"智慧化培训体系，实现学员的智能化健康数据管理及运动健康建议指导。具体如图 8-4 所示。

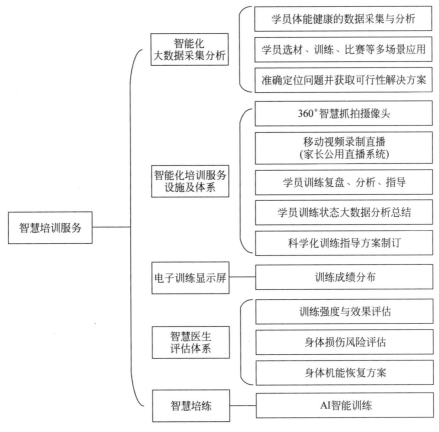

图 8-4　智慧旅游服务

资料来源：天行健体育产业有限公司

第三篇　智慧体育之实践应用

　　智慧改变体育。智慧体育使无论体育主体活动或是体育相关产业、活动均处于积极的变革过程当中。体育大数据提供科学数据分析，体育慕课让培训更科学更有效，VR赛事带来更身临其境般的观赛体验，体育旅游、体育金融等跨业融合新模式层数不穷……体育运动正在通过一系列技术革新、制度构建、元素融合，在多领域开展创新活动，推动智慧体育落地，更好地满足更广大用户的需求，进而实现最大价值。

　　本篇重点选取智慧体育赛事、智慧体育教育、智慧全民健身、"体育＋"跨业融合四大重点创新实践，对智慧体育新模式、新产品、新服务进行介绍，结合实际案例剖析创新的基本特征及其遵循的逻辑。

智慧体育赛事

大型赛事对城市的发展有着重要的意义,举办大型赛事不仅可以拓展城市发展空间、完善城市功能、提升城市基础设施水平、从整体上提升城市综合治理水平、打造城市调性和风格、传播城市的品牌、提高市民对城市的归属感和认同感,更重要的是能为城市打造活跃、健康的生活方式。

而科技的进步,为赛事锦上添花,从赛场的设施到赛事的传播,都较之前有了极大的飞跃,给人们带来了全新的赛事体验。让赛事拥有智慧大脑,将是未来赛事管理、大型赛事筹备的一大发展趋势。

9.1 科技创造更好赛事体验

近几年,大数据、云计算、VR、人工智能等新兴技术越来越受到关注,体育科技也发展迅速。当一项项"黑科技"登陆顶尖赛场,体育的未来有了更大的想象空间,体育赛事也有了更多的精彩看点。

9.1.1 体育科技全方位升级

从冬奥会到世界杯,科技渐渐从幕后走向台前,成为全球体育当仁不让的主角。从大数据到人工智能算法分析,从VR直播到体育转播,从无人机到5G应用,体育科技的全方位升级重塑着体育的呈现与消费方式,也改写着人们对体育的认知。

1. 体育大数据应用

2006年,世界杯德国VS阿根廷的点球大战,莱曼手中的小纸条让人们第一次认识到数据分析的神奇之处。在那之后,数据服务逐渐渗透到各项赛事当中,即便是有百年历史的传统赛事——温网、环法也全面拥抱大数据,分别携手 IBM、Dimension Data,提升赛事服务水平,相继斩获 STA 世界体育科技大奖。

2014 年,在麻省理工学院举办的斯隆体育分析大会上,教练和球员们一起分析并归纳出了大数据对现代体育的八个重要影响:更加精确的赛场判罚,球迷可以看到更多的进阶数据,通过可穿戴设备进行数据收集与分析、现场数据的收集、预测球迷动向,为体育迷提供新的就业方向,影响教练的决定,以及建立参数并帮助合同谈判。

如今,大数据依旧将在体育中扮演着重要角色,各项数据的采集效果大幅提高。不过重心将转向数据的筛选、整合及深度加工,并最终形成可辅助决策的有效信息。例如,美国的金州勇士队引入 SportVU 以及 PlaySight 智能系统,可以实时采集包括运动轨迹、跑动距离、反应时间等数据,帮助教练对比赛及训练情况做出精准解读。此外,遍布球员全身的传感器可以收集包括加速度、变向、心率、大脑活动在内的各项数据,实时监测球员状态,减少运动损伤的发生。且神经科学型耳机能通过经颅直流电,帮助球员提升肌肉耐力和同步性。

2. 人工智能分析

大数据已经被越来越多的体育人认可,围绕各类大数据建立起来的平台也如雨后春笋般出现。但是目前的大数据大多还是非常浅层次的表象数据,要做出更科学、更准确的分析,需要更深层次、更多的数据支撑,也需要更强大的智能算法和分析支撑。2017 年 5 月,人工智能 AlphaGo 以 3∶0 的成绩战胜九段职业棋手柯洁,标志着人们对于人工智能的探索已经到达了一个新的阶段。在体育领域,一个会下棋或者会打游戏的软件带来的改变或许并不会太大,但在体育产业、大众健身等方面,概念庞大的人工智能都有相当大的用武之地。大数据和人工智能算法分析等所能带来的改变将是空前的。

国际知名的皇马伯纳乌足球场馆应用了人工智能应用系统,该系统采用了最为先进的人工智能技术与数据驱动理念,可以实时分析球迷与球星比赛训练大数据,同时无缝连接球星内训、球迷连接、球队管理等方面。人工智能不但通过数据驱动的管理提高了球迷价值转化率,同时也将人工智能带入球员训练来提升训练效率并且最大限度地保护球员健康。同时利用云平台与人工智能大数据分析技术,将皇马在全球范围内 4 亿球迷连接起来,这为智慧体育场馆的人工智能化设计提供了最新的设计理念。

国际足联的电子性能与跟踪系统(EPTS)是一个基于平板电脑的系统,将实时为所有的 32 支球队的教练提供球员数据和录像。平板电脑会提供各项数据,例如球员位置数据、传球、压迫性、速度和铲球等。EPTS依靠基于摄像机的系统和可穿戴技术,后者在2015年获得国际足联的批准。2018年世界杯期间,数据通过位于主看台上的两个光学跟踪摄像头收集,而各支球队也将可以获得来自选定的战术摄像机的画面。

此外,人工智能在体育转播中的应用也将从试水阶段向全面市场化迈进。此前,以色列的体育科技公司WSC就通过人工智能算法,自动生成定制化的视频集锦,大幅提升了视频制作与分发的效率与量级。国内方面,百度与阿里巴巴则不约而同地在篮球、足球赛事中小范围试水,用人工智能解说。阿里体育更是提出"智能运动会"的概念,直言"人工智能与物联网的结合,将改变体育的未来"。在体育赛事的发展之路上,人工智能必将大有可为。

3. VR直播

VR体育赛事直播已非新鲜概念,其在2016年已经历了"过山车"般发展的一年。近两年,VR连接上国内最具价值的IP赛事时,引起了大量关注。与传统的视频直播一样,VR直播需要自己专业的设备来完成信号的采集。因此,每场比赛都会在体育场馆架设一定数量的VR机位,以足球赛事为例,会覆盖足球场边、球门后、教练席等常规位置,一些大型赛事还会配备运动机位。

通过VR直播,观众可以看到覆盖整个视野180°的画面,十多个拍摄机位跟踪拍摄的实时画面,营造出"沉浸式"的现场环境。与网络直播中球迷可选机位视角类似,在VR直播中,观众也可以自选VIP机位,选择观看方式。观众能够以"上帝视角"俯瞰整个场馆,也可以追踪赛事中运动员的比赛过程。

在未来,VR直播将逐步增加赛事预热的视频、赛后采访、新闻发布会等,让直播更加丰满。尽管目前VR体育直播技术还不够成熟,但越来越多的人开始关注这一新兴事物,把体育和VR结合在一起,这个趋势不可阻挡。

4. 5G转播

5G技术成为2017年平昌冬奥会的一大看点。韩国电信作为此次冬奥会的官方赞助商,在平昌、江陵一带铺设了逾1.1万公里的通信及电视转播线路,架设了基站集群,搭建起完整的5G网络环境,并实现了各种视频和移动设备的成功接入。这是全球第一张28GHz频段的大范围5G无线网络,也将是全球首个准商用5G服务。据报道,网络最高数据传输速率达到20Gb/s,比目前最高速率为500Mb/s的4G LTE技术快50倍,系统容量也增加100多倍。带宽、延迟等指标符合下一代网络技术联盟定义的 5G 网络标准。

在具体的转播内容方面,"同步视角"让观众仿佛置身赛场,从运动员的第一视角来观看赛事直播。例如,花样滑冰项目将有 360°的实时图像转播,观众可以看到各个角度呈现的运动员姿态。在雪橇比赛中,所有雪橇前部都装有迷你摄像头,让远在赛场之外的观众也能获得置身场内亲历比赛的感受,从运动员视角亲历比赛。赛场上雪橇最高速度可达 140km/h,使用高速 5G 网络让连续、流畅的视觉体验成为可能。

"全景视角"则是在越野滑雪赛道安装多个摄像机,每位参赛选手身上携带一枚芯片,使得比赛全程能够随时跟踪任一名选手的位置,切换该选手的环境画面。

而"时间切片"主要应用于短道速滑和花样滑冰项目。赛场四周设有多台摄像机,可以对选手每时每刻的动作进行 360°的切割、回放。

平昌冬奥会的首次引进,让人们看到了 5G 为体育带来的智慧化改变,5G 的普及化将是未来的一大目标。

5. 视频助理裁判

2014 年巴西举行的世界杯见证了球门线技术的首次亮相——裁判第一次在做判罚过程中获得人为的帮助。2018 世界杯上出现的视频助理裁判(VAR)技术引起了广泛的关注。足球领域呼吁引入视频裁判由来已久,支持者们指出,类似的机制在橄榄球、网球、NFL 甚至板球领域都取得了成功。目前,VAR 已经在包括英格兰足总杯在内的几项比赛中接受了测试。

世界杯在 64 场比赛中使用了 VAR 技术,专门的视频助理裁判团队包含一位主裁判和三位助理裁判,VAR 成员利用基于光纤的无线电系统与场上的裁判通话,而来自 33 台直播摄像机和两台专用的越位摄像机的画面则通过同一个网络直接传输到视频操作室。其中 8 个画面是超慢动作,4 个是极慢动作。在淘汰赛中,还将增加两台极慢动作摄像机。通过此项技术,每个 VAR 成员都要看不同的摄像机画面,需要告知场上的裁判任何的误判或者漏判情况,或者满足场上裁判的帮助请求。在摄像设备和 VAR 技术的支持下,各项赛事裁判工作将更为公平和高效。

9.1.2　赛事传播全媒体时代

互联网时代的体育产业发生了根本性变革,以互联网和数字化技术为基础的新媒体在大型体育赛事中的应用也越来越引人关注。网络的普及与技术创新改变了大众的生活状态,同时也改变了新闻传播的途径与格局。当前的体育赛事传播正从传统的电视传播转向移动网络社交媒体传播。赛事传播的全媒体时代已经到来,媒体间的全方位融合具体表现为网络媒体与传统媒体乃至通信的全面互动、网络媒体之间的全面互补,以及网络媒体自身的全面互融。

1. 赛事传播路径多样化

尽管传统媒体仍占据体育赛事传播的巨大份额,但新媒体已然成为体育赛事传播的重要渠道。新媒体在体育赛事传播中的应用,从路径上有多元的渠道与方式,逐步突破了传统媒体在传播过程中受限于视域与操作在时间与空间的局限性。新媒体是传播主体与客体间能够进行实时的、互动性、个性化信息交流的数字化传播平台,包括网络媒体、手机媒体、新型电视媒体等。

网络媒体成为全媒体时代体育赛事节目传播的主流媒体,是人们观看体育赛事节目与获取体育赛事节目信息的主要渠道,具有广阔的前景和无限的潜力。央视网、新浪、腾讯、搜狐、网易、百度等也是体育赛事转播、录播与直播的重要组成部分,微信、QQ、微博、博客等社交网络平台更是拓宽体育赛事节目传播和营销的重要窗口。

手机媒体成为体育赛事传播的新宠,是人们观看体育赛事节目与获取体育赛事节目信息的重要渠道。随着移动网络的不断升级、智能手机的普遍应用,以及4G网络、WiFi等无线网络的全面覆盖,手机基本具备如同计算机一样的功能,可以收看各类直播、录播、转播视频,登录与浏览网页,参与各种社交网络平台,再加上微信等订阅平台的兴起,使其成为名副其实的"微电脑"。手机媒体受众群体多,方便快捷,不受时间与空间的限制,成为体育赛事节目营销增长最快的渠道。

新型电视媒体是体育赛事节目营销的新生力量。新型电视媒体主要包括数字电视、移动电视等。新型电视媒体解决了传统电视在观看时间与空间上的限制,满足了人们"移动收视""按需收视"的客观要求。新型电视媒体通过网络直接与各种视频应用联通,全方位融合各种传统与新型媒体,促进赛事传播路径的多样化。

2. 全媒体融合发展新趋势

首先,在全媒体时代,媒介形式与传播形态的多元整合是满足消费者需求、拓宽营销渠道的必然要求。体育赛事传播的多元整合包括横向整合、纵向整合,以及跨行业整合。横向整合有两种途径:一是整合内部资源,促进资源共享与协调,提高资源利用率;二是整合外部市场,加强新产品研发,促进边际效益的最大化。纵向整合是产业链上下游之间的整合,包括体育赛事节目生产与制作、赛事节目营销、消费者需求等方面的整合,以实现生产、营销、需求的一体化,增加市场影响力及竞价能力。跨行业整合是媒介通过信息传播这个连接点与其他产业进行整合,如媒体产业与信息业、商业、金融业等产业的联合,以及相关衍生产品的开发等。

其次,加强新媒体与传统媒体之间的协调、融合与互补仍是今后体育赛事传播的焦点。运用新媒体营销体育赛事节目固然有很多优势,如传播速度快、传播渠道多等,但由于其兴起的历史不长,在运营模式、管理制度等方面亟待健全与完善。而传统媒体丰富的传播经验,厚实的受众基础,以及成熟的管理模式,是新媒体短时间内难以具备的。因此,只有将二者相互融合、优势互补才能更好地合作,发挥更大的作用。

此外,整合资源、打造兼容开放的全媒体平台是体育赛事传播持续繁荣发展的有效手段。移动网络覆盖面的日渐拓宽、移动终端的普遍应用、移动化与多终端化媒介的盛行形成了体育赛事节目传播渠道多元,传播形式多样的媒介平台为体育赛事传播注入了新的活力。体育赛事要充分利用新媒体作为传播手段,特别注重新媒体与传统媒体之间的相互宣传、互动与推介,依托电视、报纸、杂志、网络、微信等全媒体数字平台进行流程再造,实现体育赛事的资源共享与多元采集,加快其传播速度,拓宽其传播渠道,扩大受众群体,形成收视期待。

9.2 让赛事拥有智慧大脑

随着社会经济的迅猛发展,人们对体育的需求热情越发高涨。体育赛事以竞技运动赛事场面激烈、赛事结果的不可预知性、参赛选手顽强拼搏的体育精神感染力等受到观众的青睐和高度关注。体育赛事的举办不但能促进体育赛事本身的发展,而且能促进投资、带动消费、加快举办地的建设步伐。

因此,在全球化的大背景下,体育赛事吸引了世界各国竞相申办,且势头愈发激烈。而体育的赛事组织管理和管理技术现代化方法的应用成为体育界研究的热点领域。让赛事拥有智慧大脑,成为智慧体育赛事一个必然发展趋势。

9.2.1 智慧赛事大脑整体架构

智慧赛事大脑主要包括大型赛事管理体系和中小型赛事管理体系。其中大型赛事管理体系涵盖大型赛事管理系统、安防系统和志愿者系统等。而大型赛事管理系统又包括竞赛报名系统、中央成绩处理系统、信息发布系统、第三方接口系统、综合显示系统等。具体如图 9-1 所示。

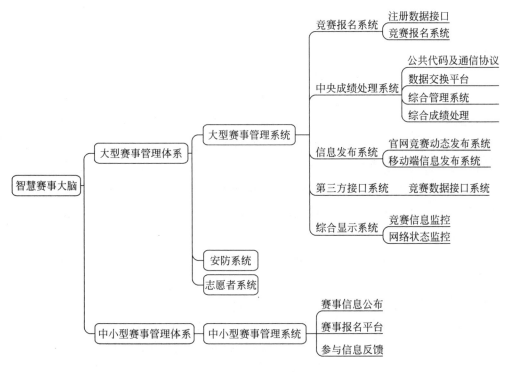

图 9-1　智慧赛事大脑

智慧赛事大脑汇聚海量赛事数据，利用云计算能力，通过大数据、人工智能等技术支撑各系统有效运行，有效提升系统能级，进行跨部门、跨领域、跨区域的即时数据处理，实现数据融合创新，协调各个职能系统，致力于解决综合性问题，修正赛事运行缺陷，提高赛事运行效率。

大型赛事管理系统是智慧赛事大脑的核心环节，赛事其他任务都是围绕竞赛展开的。赛事活动由竞赛管理者和运动员、裁判员、观众、志愿者、新闻媒体等赛事参与体共同参加。智慧赛事管理系统的实质是对运动竞赛活动进行管理，达到赛事的目的和目标，包含管理者行使计划、组织、领导、控制管理职能的过程，并且需要许多任务活动交叉和相互协调，在某种程度上表现为竞赛秩序的执行，主要工作包括竞赛规程、报到、注册、住宿、训练、比赛、计分、颁奖和新闻发布等环节。从功能上，具体可分为竞赛报名系统、中央成绩处理系统、信息发布系统、第三方接口系统和综合显示系统等。

安防系统包括硬件设备和软件系统两方面的防护，涵盖安防设备系统、视频监控系统、大数据系统、立体防控云防系统、人脸核验控制系统等。硬件设备防控方面主要以核验身份、出入控制、物理隔离、预防和处置突发事件为核心，实现安防系统的应急联动和辅助分析决策，及时预警和掌控赛场内各种可疑现象、突发事件的发生。而大型赛事的安防则需要跳出体育场馆覆盖的城区、街道、机场、地铁等，实现对城市、区域、街道及场馆的统一警情把控与快速响应。视频监控系统是在大范围、重点监控部位，都部署摄像机，通过安防主控中心实现视频图像的集中管理和控制。立体防控云防系统通过高点摄像机的鸟瞰视角掌握监控区域整体情况，通过调用低点摄像机从不同角度查看监控区域细节，能大大改善监控体验、指挥效率。由于体育场人员高度密集、高度集中，对入场人员的身份判别就显得特别重要，利用人脸识别技术实现赛事现场安防监控系统智能化也是消除潜在的安防漏洞，提高安全防范和科技反恐水平。

志愿者系统是一种特殊的人力资源管理系统。作为一项以体育运动为基本内容的综合性社会活动，体育赛事对为其服务的志愿者的管理提出了一种非常态的需求，这就决定了赛事上志愿者管理的错综复杂性。按照体育赛事举办的阶段性，可以将大型体育赛事志愿者的管理分成三个阶段，包括赛事前、赛事期间、赛事后的管理。按具体管理内容又可分为志愿者信息管理系统、任务管理系统、人员管理系统等。大型体育赛事志愿者的信息管理目的就是保障部门之间的信息交流网络畅通。大型体育赛事项目设置繁多、涉及领域广，志愿者人数多，规模大，分工精细，志愿者又存在一定的流动性，因此，如何进行大型体育赛事志愿者的任务管理是一项非常烦琐和重要的工作。此外，进行志愿者人员管理的基础是让赛事所崇尚的理念和志愿者的价值观相一致，满足志愿者提供志愿服务的愿望，让其在志愿服务中实现其价值观，离开了这一基础，就很难对体育赛事志愿者进行管理。

与大型体育赛事相比，中小型赛事管理系统相对简单一些，但必要的赛事信息公布、赛事报名平台以及参与信息反馈等环节也都是不可或缺的。

9.2.2 建设智慧亚运赛事系统

依托城市数据大脑和智慧赛事大脑，以及亚运会的场馆设施、赛事规模、运动项目、参与人数、保障服务等内容和需求，利用人工智能、大数据、物联网、虚拟现实、增强现实、5G通信、北斗差分毫米定位等信息技术，建设统一、高效、安全的智慧亚运体系，实现对亚运会前期筹备、赛前运行、赛时组织、赛后转型等工作智能化管理和应用。

1. 智慧亚运中控中心

依托城市数据大脑平台,融合各类亚运信息系统和各类数据,建立智慧亚运中控中心,实现对各类场馆、各类赛事活动和参会人员的统一、高效的指挥、管理和综合应急保障。

2. 智慧亚运信息基础设施

搭建统一的亚运体育云平台和信息网络,建立 5G 移动通信和无线 WiFi 网络,实现无线网络全覆盖,利用北斗差分毫米定位,实现对场馆建筑的实时监控。

3. 智能化体育场馆和设施

对体育场馆和亚运村等设施建立绿色、智能的建筑节能系统,实现对各场馆及设施的能源、灯光照明的智能管控。通过建立统一的监控、安防,以及智能门禁系统,实现实时的身份识别和分级管理。

4. 智慧亚运比赛专用设施

根据亚运会比赛项目和安排,建设赛事检录、计时计分及现场成绩处理、竞赛信息发布、标准时钟、赛事体育展示、场地显示控制、场地扩声等系统建设。利用智能化手段,实现对参赛运动员、裁判员等各类人员的身份确认、比赛通知、管理、签到、检录、成绩记录等功能。

5. 智慧亚运赛事广播电视系统

利用虚拟现实、增强现实、4K/8K 裸眼 3D 超高清等技术,建设赛事广播电视系统,实现多维度、多角度的比赛影像采集、个性化观看、回放和观众参与互动等功能。

6. 智慧亚运保障和服务系统

依托城市数据大脑的交通、气象、旅游、安保、医疗、环境等各子系统,打造智能、高效、便捷的亚运会出行、住宿、餐饮、支付等服务保障体系。

7. 智慧亚运综合安防系统

建立利用人脸和体征识别等技术,实现对亚运会运动员、教练员、裁判员、志愿者、观众和各类保障所有参与人员的全过程管理。依托城市数据大脑视频实时处理能力,及时发现和预判场馆、设备、人员等安全问题,做到提前预警,及时处理,确保安全。对数据安全实行全过程管理，做好入侵防御、网络准入控制、主机安全防护和物理安全等，确保亚运信息安全。

9.3 大型赛事 IP 尽显智慧

发展体育，过去做好群众体育、竞技体育、体育产业就可以了，现在不是，除了体育本身要做好，还要促进国家经济发展、社会发展、文化发展、人的发展。现在体育进入两个发展阶段：一个是通过体育促进其他领域的发展；另一个是体育自身的发展。教育、娱乐、旅游、国防、传媒、基建、健康、文化、国际事务等诸多领域都属于体育能够促进其发展的领域。

而举办大型赛事不仅可以拓展城市发展空间、完善城市功能、提升城市基础设施水平、从整体上提升城市综合治理水平、打造城市调性和风格、传播城市的品牌、提高市民对城市的归属感和认同感，更重要的是能为城市打造活跃健康的生活方式。这与体育的发展方向不谋而合，大型的赛事 IP 更能够充分展示一个城市，乃至一个国家的体育水平和智慧。

9.3.1 冬奥会：从平昌到北京

第 23 届冬季奥林匹克运动会（以下简称冬奥会）于 2018 年 2 月 9 日至 25 日在韩国平昌郡举行。这是韩国历史上第一次举办冬季奥运会，除了精彩赛事，本届冬奥会主打牌之一就是科技，本届奥运会上充满了未来感的科技元素。

奥运会必不可少的一项便是圣火传递，而在平昌冬奥会上，这项伟大的使命落在了机器人身上。机器人 HUBO 由韩国研发，火炬装在它的机械臂上，它的全身有 41 个关节，每分钟能走 65 步，整个火炬传递充满了科技感，这也开创了奥运史上首次使用机器人传递圣火的新纪录。除了机器人火炬手，韩国还雇用了 85 名机器人志愿者，分别部署在机场、体育馆和赛事场馆，进行翻译、向导及清洁等工作，体现了韩国在人工智能产业发展上的不俗实力，也间接输出了经济、文化影响力。

5G 作为本届冬季奥运会的一张名片，打造了韩国科技领先的全球形象。这是全球第一张 28GHz 频段的大范围 5G 无线网络，也将是全球首个准商用 5G 服务。在 5G 网络平台上，组委会推出了 360°虚拟现实、第一视角和时间切片等全新概念的观赛服务，支持变换角度和空间、以运动员视角以及通过类似逐帧播放的 3D 画面观看比赛。花样滑冰赛场设置了 100 台 5G 摄像机，赛场周边设置了来自三星电子的 200 台支持 5G 的平板电脑，能提供堪称随心所欲的观赏角度选择，让观众随处体验 5G 的颠覆性能。

为展现 ICT（信息通信技术）强国的面貌，韩国科学技术信息通信部特地搭建了一个大规模的"平昌 ICT 体验馆"。体验馆三个展区囊括了即将启用的 5G 技术、物联网技术、超高清电视系统、人工智能和虚拟现实等 5 个当红的 ICT 成果，包括很多互动性很强的体验项目，如感受冰雪运动的 UHD（超高清）电视体验 IoT Live、侧重 5G 的 Imagination ICT 等。平昌冬奥会的开幕式、重要比赛都将在 UHD 频道提供转播，在现场的大屏幕电视上观赏 4K 分辨率的冰雪运动细节，毫发可见、剔透晶莹的感受堪称震撼。

VR 直播成为平昌冬奥会一大胜景。英特尔公司为此开发的网络技术支持 5G 网络平台，TrueVR 技术则提供了全新的比赛观赏方式，还计划提供无人机表演的灯光秀。欧洲体育台宣布提供了 50 多小时的 VR 直播和回放，用户的视角选择有 6 个。该台还使用增强现实和增强数据技术，打造更具沉浸感和交互能力的冬奥会演播室。美国 NBC 奥运频道也在平昌冬奥会期间提供超过 50 小时的 VR 直播，还提供流媒体直播过的全部赛事的 VR 回放等。此外，还有创了吉尼斯纪录的无人机灯光秀、引导游客的 AR 导航、自动驾驶汽车接送等一系列新兴技术。

众所周知，下一届冬奥会将于 2022 年在北京举行。科技部会同北京冬奥组委、北京市科委、河北省科技厅以及体育总局等部门，制定了国家重点研发计划"科技冬奥"重点专项实施方案，重点围绕冬奥会科学办赛关键技术、冬季项目运动训练与比赛关键技术、公共安全保障关键技术、全球影响传播和智慧观赛关键技术、建设绿色智慧综合示范区等 5 项重点任务科研攻关，为北京冬奥会和冬残奥会提供科技支撑。

基于人工智能、云计算的冬奥智慧气象服务技术，建立冬奥智慧气象服务技术及系统，提供赛事专项保障气象预报服务，在移动端的交互快速生成和智能三维显示，为冬奥赛事运行、公众服务等提供分钟级、百米级精准气象预报服务，满足奥组委信息系统、奥运成绩系统、奥林匹克广播服务公司、数字化平台全球公众等信息系统及用户需求。

建立训练专家系统，并在相应冬奥和冬残奥国家队开展应用研究；引进国外高水平大数据、智能化科学化训练平台，开展冬奥和冬残奥国家队"训科医"的国际合作研究，探索构建国际化工作平台；探索具有中国特色的冬季项目科学化训练人才培训与认证体系；筛选、引进潜优势项目（速度滑冰、单板滑雪U型槽、花样滑冰、自由式滑雪空中技巧、冰壶等）和落后项目（雪车、雪橇、冰球、高山滑雪、越野滑雪等）的国外先进训练方法。

根据北京冬奥会的特点，研究影响北京冬奥会正常举行的公共安全风险和多灾种、多尺度时空分析方法，包括风险影响因素的种类、数量和风险耦合关系；研究基于"互联网＋"等风险数据采集方式、内容和动态更新方法；研究基于大数据、事件链分析和情景推演的北京冬奥会公共安全综合评估技术模型；研发北京冬奥会公共安全综合评估数据采集、处理和评估技术系统。

针对冬奥的室外高山赛道、山区盲点等复杂场景和多种电磁干扰，研究无线信号传输的特殊属性，开发可靠的全频段电磁干扰监测与分析设备，开展室、内外多种典型场景移动通信试验验证方案设计和建设，实现无缝覆盖；针对室外场景，尤其考虑极端天气条件下，开发多频段、多形态、可抵抗高寒、强风等恶劣条件的稳定基站及通信设备；针对室内场馆海量、高密度连接等特点，研究新型网络架构优化理论，开发新型室内高容量基站。

两场冬奥会，从平昌到北京，无论是信息技术的更新升级还是管理保障体系的不断完善，都特尽显奥运会这一大型赛事IP的大智慧。关键技术的应用，提高了运动员和观众的赛事体验，极大地扩大了赛事的影响力和感染力。

9.3.2 俄罗斯世界杯："黑科技"盛宴

2018年俄罗斯世界杯，裁判长着"电子眼"，足球有颗"智慧芯"……从球场内的裁判辅助、数据采集，到场外的观看体验，这场全球性体坛盛宴也随着各种高新科技的发展而进行了一次不小的升级。

首先是VAR（视频助力裁判）技术的应用。在一场激烈的足球大赛中，除了球员和教练之外，另外一个直接影响比赛走向的因素，恐怕就是裁判了。然而再富有经验的裁判，也难免会做出一些不够准确的判决，为了杜绝"冤假错案"，国际足联在2018世界杯上引入视频助理裁判，给裁判们准备双"电子眼"。视频回放涉及4种情况：进球、点球、红牌以及裁判认错球员。

这次世界杯，赛场四周有33台广播级的高清摄像机和两个专用的越位摄像机，其中的8台可以用超慢镜头录制每场比赛的细节。国际足联专门安排了13名专门的VAR裁判执法，在莫斯科国际广播中心的录像操作室还设立了专门的视频辅助裁判团队。如果现场有争议,借助 VAR 可以多角度、更清晰地还原比赛细节,甚至还可以通过动态扫描技术判断球员是否假摔。VAR 会通过语音与场上的裁判员联系,告知他是否出现了漏判或是错误判罚,也能让裁判在球场侧屏幕上查看视频内容。

  俄罗斯世界杯是第一项全面使用 VAR 的赛事。该系统是这么运作的:5 名裁判——主裁判员、两名边裁、第 4 官员和视频助理裁判——通过耳机保持沟通。在遇到问题时,要么 VAR 做出建议,要么裁判主动询问 VAR 的意见;VAR 还可以提醒主裁判漏判的情况。在这种情况下,裁判可以直接接受 VAR 的意见,也可以到场边查看回放。VAR 本身位于莫斯科的一个视频操作室。VAR 由一个视频助理裁判和 3 个助理组成——全都是国际足联的顶级裁判。这些裁判员身着全套装备,坐在一间配有 10 个屏幕的视频操作室,屏幕上显示着来自转播摄像机的多个摄像机镜头和体育场的两个越位摄像机带来的画面。这些触摸屏可让裁判进行缩放,即时选择不同的角度。此外,为了消除判罚过程对于球员和球员往往不明确的批评,足球场内的巨大屏幕上会显示回放和图像来解释判罚。

  除了裁判配了双"电子眼",这次世界杯的用球也有颗"智慧芯"。本届世界杯,官方指定用球"Telstar 18"(电视之星)就内置了 NFC 芯片,可以记录足球的行进轨迹、球员射门的力度以及足球是否出界等信息,堪称裁判和技术统计人员的好帮手。这一智能足球同样采用了经典的黑白设计,成为世界杯的比赛用球。

  由于足球有了一颗"智慧芯",于是人们可以通过专用的 APP 来连接每一颗用球,查看每一颗用球的专属信息,还可以查看这个球的运动轨迹以及球员的射门技巧,无论是场上队员还是场外球迷,这颗"智慧芯"的"记忆",未来都是一种非常独特的回顾和分享体验。不光如此,对于场上裁判,这颗"智慧芯"也能帮助做出公正的裁决:在日本和哥伦比亚的经典一战中,第 39 分钟哥伦比亚任意球破门时,尽管日本队守门员示意球没进,但丝毫没有影响裁判的判断。因为除了有"电子眼"看着,"智慧芯"也告诉了裁判这颗足球每一个轨迹的精确变化。

  历届世界杯比赛上,球是否越过门线会成为比赛双方、裁判和球迷争议的焦点。因此在 2014 年的巴西世界杯上,国际足联就已采用了名为 GoalControl－4D 球门线判别系统。在上届世界杯中,在没有任何人为帮助下,"球门线技术"的应用没有误判任何进球。2018 的世界杯,这项技术已经更加完善。每场比赛中的裁判都会被要求佩戴由 Hublot 发布的名为 The Big Bang Referee 的智能手表。该产品除了具备普通智能手表的蓝牙、互动、电话、视频、导航等功能外,针对世界杯特别设计了每场比赛前

15分钟的定时提醒功能。比赛期间，在手表屏幕上会显示两支球队的场上与替补球员相关信息、比分、进球球员名字等，这款专为本届世界杯打造的智能手表还可与门线技术联动，场上有进球，裁判员可立即收到进球提醒。

此外，本次大赛还应用了"数字化表现和跟踪系统"，即一种在平板电脑上运行的系统，能够为所有32支球队的教练提供实时的球员数据和视频。每支球队获得三台平板电脑：一台交给看台上的分析师；一台交给板凳上的分析师；另一台则交给医疗团队。这一系统会通过相机、球员身上的智能设备和GPS定位等技术来记录球员在球场上的位置、行动轨迹、传球、压制、速度、铲球、个人状态等数据，最迟30秒内这些数据被传送到主控台以及教练和医疗团队的平板电脑上。除了方便教练拟定战略之外，也便于医疗团队在第一时间为受伤球员进行施救。

正所谓"宝刀配英雄"，对于球员来说，脚上的战靴极为重要。本届世界杯上多家品牌都推出了自己的智能战靴，如阿迪达斯推出的智能球鞋，可以利用球鞋掌控运动速度、时间、消耗能量等数据信息，球队教练通过这些数据信息掌控球员状况，从而为球员制订训练计划，保证球员在赛场上取得佳绩。除了战靴，球员们的球衣也是至关重要，如耐克为巴西队打造的球衣Cool将"体温调节技术"融入至制作工艺中，相比传统球衣在空气流动效率上高出56%；球衣的面料94%为聚酯，而6%为纯棉，使得球衣不仅有纯棉的舒适度，也拥有聚酯的热量调节功能。据了解，在设计上，该球衣在能够降低体温的同时还能推迟因热量所产生的疲劳时间，在高温环境下可以帮助球员更好地进行比赛。

"黑科技"不光出现在赛场上，赛事直播和转播的体验也因为科技的植入而变得更好。早在4年前巴西世界杯最终决赛在内的3场比赛采用了由索尼公司提供的4K超高清录制，而本届俄罗斯世界杯将全部采用4K高动态拍摄。该技术不仅为球迷带来了更好的观赛体验，也为视频裁判提供了技术支持与辅助。本届世界杯上的64场比赛还使用360°虚拟现实技术为观众呈现视觉盛宴，其中BBC等推出了虚拟现实赛事直播，让观众可以通过虚拟现实设备观赛，逼真地感受画面，就好像坐进了球场的豪华包厢现场观赛，不仅可以看到场上比赛的每一个细节，还可以看到"身边"球迷的反应，甚至听到"身旁"观众吃爆米花、吹喇叭的声音。

第 10 章 智慧体育教育

随着信息技术及互联网的兴起和发展,各个领域与互联网的融合日益增多,当今社会已经进入"互联网+"时代。"互联网+"时代的到来,不仅改变了传统的工作和交往方式,也改变了传统的教育理念。体育教学是实现素质教育目标的重要学科,在"互联网+"背景下,体育教学面临巨大挑战,以往的教学理念和教学方式已经不适应当前的时代形势,因此,正视"互联网+"时代体育教学面临的问题和挑战,积极探索智慧体育教育的改革策略意义重大。

10.1 体育教学新探索

随着信息技术的迅速发展,互联网与各个行业的合作联系日益紧密,各产业的信息化水平逐渐提高,我国已经进入"互联网+"时代。在这一时代背景下,教育领域也不可避免地受到影响,越来越多的信息化技术应用于课堂,改变了传统的教育模式,提升了学生的综合素质,这也符合我国素质教育的总体目标。在"互联网+"背景下,体育教学也面临新的机遇和挑战,如何科学利用互联网辅助教学,以此改进教学方式、提高教学质量和学生综合素质是未来体育教学发展亟须解决的问题。

10.1.1 学校体育教学发展困境

随着"互联网+"时代的到来,体育教学原有的教学氛围、理念、方式等已经不适应当前的社会环境,因此,学校要正视当前体育教学面临的挑战,才能有针对性地进行改革和发展。

1. 体育教学理念有待更新

教学理念是指导体育教学健康发展的基准,只有树立正确的教学理念才能保证教学的顺利进行。以往的体育教学中,教师是教学的主体,教学的主要目标是让学生掌握规定的动作和技术要领,学期结束考核时也重点考核学生动作的标准性和熟练程度,这种教学理念忽视了学生体育意识培养和良好锻炼习惯的养成,学生按照教学安排机械练习,无法真正爱上体育运动,不符合素质教育的培养目标。"互联网+"时代到来后,各种现代信息技术和教育理念进入体育教学领域,得到了广泛的认可和普及,原有的教育理念受到冲击,学生在教学中的主体地位开始加强,教学中应该更加注重学生在学习过程的体验和感悟,这些先进的思想不断影响着体育教学,促使体育教学理念尽快更新和转变。

2. 体育教学氛围有待改善

体育教学的氛围是影响教学效率的重要因素,好的教学氛围可以达到事半功倍的教学效果。在传统的体育教学中,课堂授课通常都是以教师为主体,教师在上面讲解、示范动作要领,学生机械模仿、重复锻炼,课堂气氛比较沉闷,体育课堂缺乏趣味性。这种课堂氛围不利于提高学生学习和锻炼的积极性,也不利于学生养成终身体育的意识和良好的锻炼习惯。在"互联网+"背景下,学生通过网络接触大量内容丰富、形式多样的资源,如图片、动画、视频等,同时可以从网络中了解很多体育教学的新项目和新形式,这样一来就会对现有的教学氛围更加抵触和不满,因此,在"互联网+"时代,体育教学面临的一个重大挑战就是教学氛围的改善问题,需要教育者加强关注和重视。

3. 体育教学方式有待完善

在体育教学中,教学方式是否科学、有效直接影响到教学效率和教学质量,因此,体育教师对教学方法的探索从未间断。一直以来,体育教学方式大都是教师先示范、讲解动作要领,学生模仿练习,这种教学方式对教师动作的标准度要求较高,如果教师没有掌握标准的动作要领,反而会影响教学效果。除此之外,随着素质教育的推广,体育教学的项目不断增加,一些新的运动项目如游泳、网球、体育舞蹈等进入体育教学,这些项目对教师来说也是新的挑战,有的教师动作要领掌握不熟练导致教学效果不理想,教学方式的改进迫在眉睫。"互联网+"时代,网络资源极大丰富,各项运动的标准化动作都可以通过计算机实现,体育教学手段的完善有了更多的方式和可能,因此,"互联网+"时代促使体育教学手段尽快完善。

10.1.2　构建智慧体育教学模式

"互联网+"时代的到来,使体育教学原有的教学体系受到了巨大冲击,教学理念、教学方式亟待更新,教学资源亟待开发,因此,如何科学利用互联网信息技术进行体育教学改革、如何构建智慧体育教学模式成为体育教学的重中之重。

1. "互联网+"的积极影响

从学生的角度,学习理念得以更新,提高了主动性。一直以来,都是教师主导教学,学生被动地学习体育理论,机械模仿、练习体育动作,教学过程忽视了学生在课堂的主体作用,学生学习的积极性和主动性得不到提高。在素质教育的开展过程中,很多教育者都意识到学生是课堂的主体,提高学生的学习主动性是体育教学健康发展的有力途径。在"互联网+"背景下,体育教学可以通过科学利用信息技术来保证学生在课堂的主体地位,促进学生主动学习。例如,课堂教授某个动作要领后,教师可以鼓励学生从网络中寻找相关项目的教学资源,如篮球、足球,可以观看体育明星的动作要领,然后鼓励学生一起练习、交流。另外,可以让学生将自己练习的过程录制下来,上传到交流平台来互相观看讨论,在此过程中,教师由教学的主导者转变为组织者和引导者,引导学生从被动学习变为主动研究、探索,自觉寻找资源和方法来提升自身体育能力,培养主动学习的良好习惯。

从教师的角度,传统的体育教学中,教师都是统一授课,所有学生接受的都是统一的内容、统一的进度,忽视了学生的个体差异。这就导致基础好、接受能力强的学生觉得授课内容过于简单,失去学习兴趣,而接受能力差的学生会感觉学习困难,丧失学习信心,整体学习效果得不到保证。因此,重视学生个体差异,实施个性化教学得到了广泛的认可。"互联网+"时代的到来为个性化教学的开展提供了良好的途径,信息技术的进步催生了许多新的教学模式,如微课、慕课、翻转课堂等,通过这些教学手段,教师可以在课前、课中、课后三个阶段把握学生特点来实施分层教学。

从课程质量角度,以慕课、可汗学院等为代表的网络课程正极大地拓展着课程的边界,各级各类学校也都在加强网络教学的建设。网络课程可以极大地丰富学生获取知识的途径,特别是对体育理论知识的获取更为丰富,理论知识与实践知识的结合必将大大提高课程质量。这改善了体育教学长期存在的"重实践、轻理论"现象,让学生更深刻感受到体育教育的"人文性"价值。"互联网+"理念于传统教学中,推动传统体育课堂教学的开放与创新,实现知识的互联与共享。优质教育资源通过网络平台,公平地传递给每一个学生,实现学生自主学习、自我发展的愿望,进而提高学生自我管理能力,提高体育教育的育人效果。

从体育教育发展角度,缺乏运动已成为健康的头号杀手。高校体育作为学校体育的收官之战,应该加深学生对运动与健康相关专业知识的理解,使体育作为终身教育的目标之一。通过信息技术,可以更深入地讲解与运动相关的知识,尤其是帮助那些缺乏运动的学生,掌握与运动相关的科学知识,为自己量身打造适合自己的个性化运动处方,进而培养学生自主运动、终身体育的生活方式。这些目标依靠传统体育课程、增加传统投入都无法解决。

2. 智慧体育教学改革策略

智慧体育教学改革并非一蹴而就,应从基础设施、软件系统、学生素养、教师能力等多方面努力,共同构建智慧型的体育教学模式。

1)加强智慧体育校园建设

"互联网+教育"时代的到来,对高校公共体育设施建设提出了新的要求。高校要借助新的教学理念建设公共教学设施,以保证公共体育教育可以紧跟时代的发展步伐,加强公共体育设施的建设,通过创新理念来提高公共体育的教学效果。

高校要加强教师和学生对智能终端的使用,全面推动数字教学,并加强网络信号的覆盖和网络的维护及安全防范。充分利用高校的网络平台,给学生提供网络学习的平台,如为学生提供体育技能讲解、分析各类赛事视频、鉴赏体育美学及球类战术教学平台等,运用新型的计算机教学设施来辅助教学,开展翻转课堂来不断丰富公共体育的教学形式。投入一定的教育经费用于开发公共体育运动手机软件,将其安装到学生和教师的客户端上,以用于分析学生的体能测试数据,实时地记录和考核学生的体育运动情况。

互联网时代改善了以往信息不流通的现状,教师通过信息技术可以对学生的学习效果进行及时的了解,学生也可以通过信息技术进行自主学习和沟通交流。高校要合理地利用网络平台,将学校的资源进行共享,如优秀的教师资源、图书馆资源等,通过大数据和云服务,重新建构教育管理流程和方法。

国外的一些学校甚至将计算机模拟技术安放在体育场上,这样可以实现全程监控学生的动作技能,取得了非常不错的教学效果。此外,也可以建立微格体育馆,利用信息技术实时分析和诊断学生的体育技术动作和学习进度，以提高学生掌握专业技能的效率和质量。

2）构建学生体能信息数据采集系统

借助现代网络信息技术制定大学生体能信息数据采集系统，以分析学生的体质，并为学生提供有效的锻炼方案。利用传感器技术原理制作可穿戴的测量设备，更加高效地采集学生的身体信息（身高、体重、血压、心跳次数）、运动信息（运动强度、热量和行走步数等），利用蓝牙、局域网等无线技术远程传输学生的体能数据。利用云计算技术来分析处理和存储数据，使学生的学习和锻炼定量化。学生可以根据自身的实际情况制订锻炼计划和学习计划，以达到最佳的身体状态。

学生在科学的理念和方法中更加注重锻炼身体所带来的效益，进而可持续地进行锻炼，而不会像以往一样半途而废。教师也要根据课程目标，对学生的学习情况和锻炼情况进行定期的检查，以督促学生积极地参与到体育活动中。"互联网＋教育"环境下，教师要充分利用互联网和信息技术所带来的良好条件，采取各种有效的方法解决学生普遍存在的问题，以提供给学生更加适合的锻炼方案。

3）构建"数字教师"培养模式

互联网时代"数字教师"的培养非常关键。首先，要在教学课堂和教学设计中引入互联网信息技术，并用互联网技术来评估教学情况；其次，加强对高校教师信息化教学手段的培训，对教学中积极应用信息化技术和互联网技术的教师给予鼓励，并组织教师互相交流经验；再次，鼓励教师和培训机构、其他院校的教师及各类企业进行交流沟通，共同创新，以探索出合适的教学模式；最后，组织教师参观互联网和信息化教学大赛，并鼓励他们学习创新教学模式和教学设计。

4）提高学生的信息化素养

网络信息技术是把双刃剑，它在给人们带来高效和便利的同时也给人们带来了许多不良的影响。高校要不断提高学生的信息素养，通过培养学生的信息把握程度、信息获取和处理的能力及自我控制能力等，来保证学生对网络信息技术的有效利用。学校要重点开展网络自律意识教育，使学生能够认同网络社会规范，并可以自觉地践行。

5）建立自立型的学习群体

互联网时代，学生是学习主体，他们的学习效率和质量很大程度上受到自身控制能力的影响。如果没有明确的学习目标和学习计划及规范的记录要求，他们很难达到良好的学习效果。很多学生不具备较强的自主学习意识和自律能力，团队合作意识也比较差。

教师要从学生的实际需求出发,组建学生之间及学生和教师之间的自律性团队。通过借助微信、微博等新型的软件工具,组织具有公共学习目标的团队,使学生可以随时随地地通过互动平台进行交流和沟通,获取信息、知识和资源等,以及和教师进行良好的互动,做到共同监督、共同进步和提高。教师也要合理利用这些有效的学习平台对学生进行指导,通过公共平台将信息发送给学生群体,以实现实时的交流。

10.2 体育培训大转型

"互联网+"的兴起和智慧体育的发展,对体育产业各个领域产生了很大影响,这也包括体育培训市场。在西方经济发达国家中,体育培训市场是一个成熟并涉及面大的市场,由于我国的社会性质、经济发展等原因,我国体育培训市场还没有能够达到像西方发达国家那样成熟。但是近年来,人们生活水平的提高,以及健康意识的转变,促使我国体育培训市场快速发展。

目前我国的体育培训市场大致可分两类:一是体育知识培训,参与体育知识培训的单位大多是由国家主管部门指定与控制的教学或行政单位,培训场所相对固定,有严格的教学内容要求,有较好的教学条件和较高水平的师资,其性质相当于对社会所需的体育专业人员进行的岗前或上岗培训;二是体育运动技术培训,该市场主要是指社会各界所开办的相关项目技术培训的场所,即以各运动项目技术为商品,为满足社会上不同性别和不同年龄群体在学习运动技术或锻炼身体等方面的需求而形成的一种专门的服务行业。

近年来,随着我国大众体育市场化和竞技体育职业化、俱乐部化进程的加快,社会上对各种形式体育项目培训的需求加大,体育培训市场有了较快的发展。由于需求的不断增长,参与体育培训的个人、机构和单位增多,规模也明显扩大。在"互联网+"及全民健身的热潮下,体育培训功能的APP也孕育而生并且处于加速发展的状态。

10.2.1 传统体育培训找痛点

体育培训市场最早的发展可以追溯到20世纪50年代末60年代初,当时的体育培训市场还仅仅处于萌芽状态,以业余体校作为一种唯一培训的形式,以培养运动员、取得优异的成绩作为唯一的目标。到了20世纪90年代才有了突飞猛进的发展,开始出现体育俱乐部。2010年之后,体育培训市场的发展进入了一个全新的阶段,各种与健身运动相结合的APP进入人们生活中,体育培训市场发展模式逐步发生改变。目前,体育培训类APP进入一个蓬勃发展的阶段,而传统体育培训市场存在诸多阻碍发展的因素。

1. 价格普遍高昂

价格一直是人们参与体育学习的重要影响因素。据调查,一般的健身房,一般健身卡年会费在2000元左右,几乎占人均可支配收入的10%,价格成为人们参与体育学习最主要的障碍。由于健身俱乐部、场馆等在传统体育培训市场上有其独特的地位,学员支付的高昂费用中,教练获得的训练费较低,收益大部分被场馆所获得,所以场馆是学员与教练之间的一条鸿沟。

2. 信息不够全面

很多想要进行体育学习的人群往往对健身场馆和教练不够熟悉、了解,获取不到有利信息。其场馆位置是否便利、硬件设施是否完善、教练是否专业……这些问题在进行健身前往往不能得到有利的回答。有时候,去学习过一次后就发现了各种问题,例如教练不合适自己、场地设施不好等,于是就不再继续训练了。

3. 行业风气不正

根据对健身房教练及学员的走访发现,健身房都会给想进行体育学习的学员进行私教人员的推销。有些教练的实际情况并不适合学员进行体育学习,无论是专业上还是性格上都不合适,这样就会造成学习效率不高、效果不好,同时也会造成顾客源的流失。私教推销不仅影响客户的健身锻炼而且也不利于体育培训业的持久发展。应改善行业的私教推销的风气,创造舒适的健身氛围,让学员有充分的自由选择适合自己的教练和课程。

4. 营销模式落后

传统体育培训市场的营销模式主要有以下几个方面。第一,广告的投放不足,宣传不够。主要在商业区等人口密集的地方树立广告牌,或者通过报纸等传统媒体投放广告,效果不佳。第二,人员推销的效果甚微。通常是工作人员在人流量多或培训机构周边地区进行发传单向周围人宣传,或直接上门推销。第三,促销活动单一。体育培训服务激励的形式通常是降价,让消费者认为有利可图,促销活动的对象不够全面。

因此，传统体育培训机构难以快速而有效地吸引到学员，一方面造成资源浪费，另一方面对资源的利用效率不高。

5. 培训质量不高

教练质量差是制约体育培训市场发展的一个关键因素。无论是线上平台内的教练还是健身房、俱乐部或是体育文化公司的教练，对其发展起着关键性的作用。而且资格认证不够规范，很多教练是自己学习某项运动技能，没有专业的教练证或没有学习专业的教学流程；同时很多俱乐部或培训班教练资格认证都不够严格，培训流程和要求不够专业，关于培训目标、培训地点、培训人员、培训内容、什么时候组织培训、每次培训多长时间、应达到什么样的培训效果等都没有明确的计划。另外，监管不够严格，由于体育社会培训市场涉及面很广且组织比较松散，很难归类管理，往往需要教育、体育、工商、税务、物价等诸多部门协调配合，有效监督管理的难度很大，再加上缺乏统一制定并实施的相应规范和管理办法，形成较大的管理漏洞，基本上处于自由放任的境况。

10.2.2 智慧体育培训迎未来

尽管传统体育培训业存在诸多制约发展的因素，但是体育产业作为新兴产业、绿色产业、朝阳产业，完全有条件成为未来我国经济发展新的增长点。建设健康中国、全民健身上升为国家战略，也为体育发展提供了新机遇。同时，信息化、全球化、网络化交织并进，为体育各领域的改革和发展提供了技术新引擎；"中国制造 2025""互联网＋"行动计划、"大众创业、万众创新"为体育发展激发新活力；利用"互联网＋"推进健康产业的发展已成为趋势。因此，智慧体育培训的概念很快得到了大家的接受和欢迎，传统体育培训业迎来了前所未有的大转型。

1. 智慧体育培训的优越性

与传统体育培训相比，智慧体育培训在价格、信息普及、资源、教学质量、资源整合等诸多方面都有极大的优势，吸引了大量对体育运动和健身有兴趣的学员，充分展现了其优越性。

1）打破"健身贵"格局

价格因素一直是人们参与体育培训的"拦路虎"，尤其是健身房，价格从几千到上万会员费不等，这对一般人来说还是难以接受的。杭州乐刻运动针对这一问题，找到了解决方法,用户每月只需99元便可在杭州多家乐刻连锁店参加任意健身课程。用户只需在公众号或APP上登录,支付月费,选定场馆、时间与课程,便可进行健身课程。对场馆而言,加快了地区场馆的信息化进程,方便统一管理,在网上都能查询到有效的信息,合理分配场馆运用,提高了场馆的使用率。对于用户而言,有效减小场馆费用的开销,有更多的训练场地供选择,有更自由的训练时间,还有更多有效的反馈渠道。而99元每月的价格,也更加容易获得学员的接受和认可。

2) 学习信息全面普及

O2O模式APP里面有一项重要的功能,即点评功能。智慧体育培训APP产品也有点评功能。这是一种网络生活信息交流平台,为用户提供了商户的定位、消费后的评价以及打折优惠信息等,让用户更加全面地了解到健身信息,打破了想参与运动却找不到合适地方的格局,充分发挥了智慧体育的特殊性,能让想要参与体育学习的学习者及时获取更多、更准确的消息,以及更多的优惠活动,更加快捷地找到合适的场馆。而对场馆来说,则是加快了体育场馆的运营效率,扩大了客源的覆盖范围。

3) 资源利用更为充分

用户登录APP线上平台,能够按需要选择平台组织的课程,设定合适的时间与地点,选择课程内容与教练,然后下单并支付订单,最后去线下完成课程。体育学习者在这个过程中能够主动确认时间和地点,会减少出现场地不足或是空场的尴尬情况,既方便了用户,又让场馆能最大效益地运营,使体育资源得以充分利用。

4) 教学质量大幅提升

用户在手机上登录APP,可以在平台界面查看点评。也就是说,在信息交流平台上,可以通过参考点评来选择出最适合自己的教练并在方便的时间和地点进行学习。其基本流程为:登录APP—浏览评价—选定场馆、时间、教练—下单支付费用—进行课程。最后在信息交流平台给予反馈和评价。这一模式,可以让学员找到质量更好、服务更好的教练,使得教学质量得以大幅提升。

5) 移动APP便捷高效

没有移动体育培训APP的时候,私教接收学员大都是通过熟人介绍、发放传单、广告以及场馆的一些信息渠道等,招收的学员在数量上没有优势,而且还受到场馆的限制等,很不方便。现在,教练通过平台就可以自己接单,根据学员体育学习的时间、地点、项目自主定价,很大程度上摆脱教练对场馆的依赖性。O2O模式能够解决的最大痛点在于它直接将用户与教练对接,去除了中间环节,让用户在最短时间内找到适合自己的教练,同时实现双方利益的最大化。

6)加快培训市场资源整合

APP产品利用LBS(基于位置服务)将教练资源、场馆资源、运动装备资源、赛事资源等集合在一个平台上。教练资源包含了教练的专业程度、价格、教授项目等,场馆资源包括场馆的定位、价格、开发时间等。通过这些资源的集中,合理地分配了市场资源,人们可以在合适的时间、地点,合适的场馆等进行体育学习,让体育培训市场的资源能够得到充分合理的运用,使得效率最大化。人们获得准确的信息,才能提高市场的整体运作。

2. 智慧体育培训发展方向

在"互联网＋"的时代背景下,传统体育培训市场的烦琐模式已不适合现代人简便、快捷的生活。传统体育培训市场通过与O2O模式的结合,运用APP程序与LBS定位系统将市场的整体体育资源进行整合,方便人们更好地了解信息,增加市场参与的弹性度。在移动体育培训市场,消费者可以自由选择喜欢的项目和教练,不受时间地点的限制,增加了客户的黏性,扩增了客户群。传统体育培训市场与"互联网＋"所结合的智慧体育培训,是未来体育培训发展的新方向。

1)打造产品独特性

互联网时代,顾客的要求是千差万别的,具有个性特征明显的特点。这就要求我们在开发移动体育培训产品时,在同类中找寻差异,具有鲜明的特点,优化产品界面满足不同顾客的需求。体育培训产品APP应该注重产品的功能化,在设置找教练这一核心功能后,开发配套的订场馆、约球友、运动社交交流平台、赛事直播平台、运动营养康复平台等,形成配套的体育学习平台,满足体育学习者的各种需求,提高产品的价值。

2)拓展多种盈利方式

当前的APP主要是靠融资与附属业务来实现盈利的,在未来的发展中,应该把握和转变盈利的方向,可以在主要的业务内容上找到既符合大众又利于平台发展的盈利方式。例如,适当地对接单教练实行收费制,在教练获得的培训费中抽出一定的百分比作为入驻平台的费用。

3)推广方式多样化

注重校园推广。学生人数多,同时也是当前参与体育锻炼主力军的一部分。可以赞助各种高校体育活动,进行品牌的推广,提高认知度。与高校合作,招聘校园运动达人成为平台内的教练,或吸引有兴趣进行体育项目学习的同学成为顾客。设立公众号、微博等新媒体传播平台,在平台内可以推送各种体育赛事信息,以及各种体育活动最新消息等。定期举行各项运动明星的粉丝见面会活动,推广项目运动,以吸引平台客户量,提高留存率。同时在社交平台上,也可以挑选出有代表性的业余运动达人与业余明星教练,进行交流活动和良好的品牌推广,提高用户注册量。

4)维护平台信息安全

互联网时代,信息泄露对顾客和企业都会产生较大的影响,会带来一系列的损失,甚至会影响社会经济的稳定发展。首先,平台注册信息应简洁,不要涉及太隐私信息;设置专业技术人员进行日常软件更新和维护,防止软件受到病毒侵害;公司应有管理人员进行互相监督,防止公司内部人员泄露客户信息。

10.3 体育慕课的兴起

慕课,即大规模开放性网络课程,自 2013 年传入我国以来,以其倡导的"超越与颠覆传统教育"的理念,经历了强势登陆、快速发展与备受争议的过程。体育慕课是慕课的具体门类之一,指以互联网技术为中介、集结优秀的体育教育资源、面向社会大规模开放的以教育者与被教育者之间的网络互动为主要特征的体育教育。现阶段,体育慕课凭借"互联网+体育教育"的融合发展模式,展现出了旺盛的生命力。

10.3.1 体育慕课主体构成

在体育慕课诞生之初,为了能够打破体育教学的时空阻碍并提高效率,高校组织体育教师利用学校的网络平台与学生进行交流与互动,并指导学生的线上学习与线下锻炼。此时,体育慕课的参与群体主要是教师与学生,以及上述两类主体所属的高校。而在"互联网+"时代,体育慕课的参与群体已呈现出泛化的趋势。另外,伴随着网络文化的传播,越来越多的非学生群体的体育爱好者纷纷加入到体育慕课之中。且由于体育产业的兴起及其与互联网技术的融合发展,许多专门从事网络产业运营的商业群体也成为体育慕课的参与群体。

日趋广泛的参与群体构成了"互联网+"时代体育慕课主体的多元性。第一,互联网技术的介入促成了参与群体在体育慕课中地位与角色的转换。参与群体在体育慕课中所对应的地位与角色,已不再仅是传统意义上的教育者、受教育者、管理者与中介系统，而是其间动态转换的结果。例如，教师可以是受教育者和中介系统，学生也可以成为教育者和管理者。第二，众多群体对教育过程的直接参与形成了多元实践主体。由于在体育慕课中，传统意义上并不直接参与教育过程的高校、政府和慕课平台运营商也能获得教育者和受教育者的身份，能够直接参与教育实践过程，因此其也具备了主体的性质。第三，体育慕课价值的丰富性构成了不同维度的主体；从教育自身的价值维度来看，教师和学生是体育慕课的主体；从教育的经济价值维度来看，慕课平台运营商是体育慕课的主体；从教育的社会价值维度来看，高校和政府则是其主体。

因此，"互联网+"时代体育慕课的主体呈现出泛化和多元的态势，是一个由学生、教师、体育爱好者、高校、政府和慕课平台运营商等多元参与群体所共同构成的整体。

10.3.2 体育慕课发展路径

"提高体育学习的效率"是体育慕课多元价值取向的核心，而快速高效也是"互联网+"思维的典型体现。因而，以核心价值取向为主导，从体育教育的目的、原则与特征出发，对体育慕课的内容、功能和平台进行建设与实施，最大限度地体现体育特色，进而提高学习者的效率，是体育慕课建设与发展的一个明确定位。强调核心价值取向是"互联网+"时代体育慕课的发展路径之一。

与体育的价值相似，体育慕课也是一个复杂多样的价值统一体，而"互联网+"思维的包容性则可对体育慕课的多元价值取向实现协调与整合。以体育慕课多元价值取向之间的互补性关系为基础，在实践操作中寻找能够同时满足多元主体需求的教育资源，可以最大限度地扩展体育慕课的适用范围，达到吸引多元主体广泛参与的效果。例如，在体育慕课的设计中，将运动技能、专项知识体系与运动练习指导、在线交流等多种功能进行有机整合，进而形成综合化的功能体系，则可以全方位地实现其多元价值取向，促进体育慕课的建设与发展。因此，对多元价值取向进行整合，可作为"互联网+"时代体育慕课的又一发展路径。

由于在身体条件、兴趣爱好以及运动基础等方面存在差异，体育学习过程表现出了与其他学科相比更为突出的个性化特征，而个性化的教育体验也是"互联网+"时代学习者的普遍追求。体育慕课的多元价值取向代表了不同主体间差异化的参与需求，而这种差异化的需求需要多样的教育资源与之相匹配。因此，树立创新的理念，采用多种方式、方法，打造满足多元主体差异化需求的体育慕课资源体系，能够给予主体更加充分的选择空间。例如，体育慕课可以根据不同年龄的学习者、不同的运动项目以及不同的功能设置进行开发与实施,使持不同价值取向的主体可以获取与自身需求相适应的资源,进而扩大体育慕课的规模与影响力。因此,细分多元价值取向是"互联网+"时代体育慕课发展的又一有效路径。

在体育慕课中,不仅各参与主体之间存在着丰富的互动,而且在体育慕课与参与主体之间也存在着价值互构。依据主体多元价值取向进行功能设计的体育慕课上线以后,会以其自身的价值体系对主体的价值取向产生影响与引导,被影响的主体又会以其发生变化了的价值取向对体育慕课的价值体系产生修订与改造的力量。在此过程中,体育慕课与参与主体之间通过互构的方式得以共同发展。这种发展方式能够改变体育慕课开发与实施过程中被动迎合主体价值选择的地位,促使主体参与其中,并便于对主体价值取向的变化趋势进行监测与分析。因此,价值互构也是体育慕课在"互联网+"时代的发展路径。

第11章 智慧全民健身

体育是一种产业、一种事业,更是一种文化,不仅包括体育产业、竞技体育的部分,还包括群众体育的部分。因此,智慧全民健身是智慧体育至关重要的组成部分。全民健身旨在通过全民参与体育运动的方式,提升民众体质健康水平,丰富民众生活。而智慧全民健身着力通过先进的技术、理念,从基础设施建设、热点运动项目打造、运动方式创新等方面着手,解决民众"如何参与体育运动"及"怎样更好地参与体育运动"两大难题,让体育运动融入民众生活,为大众健康服务。

11.1 基础建设"忙"

基础设施是体育运动顺利开展的物质基础与重要前提,全民健身对体育场馆、设备等基础设施需求量的攀升,促使基础设施建设成为至关紧迫而重要的任务。例如我国,2014年《国务院关于加快发展体育产业促进体育消费的若干意见》将全民健身上升为国家战略后,体育运动基础设施建设大幅增加,截至2017年年底,我国体育场地已超过195.7万个,人均体育场地面积达到1.66m^2。而智慧全民健身,不仅要求体育基础设施建设在数量上有所保障,更要求在利用率提升、符合民众需求等方面下功夫。

11.1.1 健身步道:会呼吸的乐土

健身步道是指在公园、绿地、广场等公共场合设置的,供人们进行健步走、跑步、自行车骑行等体育活动的专门道路。健身步道作为与城市绿色开放空间和慢行交通系统紧密结合的户外休闲健身空间,集生态改善、文化展示、健身休闲功能于一体,具有投资少、见效快、承载力强、容量大等优势,是全民健身的重要载体。

步道建设起源于美国,早在20世纪30年代,美国便建成了第一条国家步道——

阿巴拉契亚步道,用于满足国民休闲体育健身的迫切需求。1968年,美国国会通过《国家步道系统法案》,规定步道规划与设计以提供"保护""休憩""公共通行""娱乐"及"感知"等活动为依据,塑造国家优良户外活动空间,建立全国统一的步道规范,用以评估步道的休憩、景观、历史价值等级及管理办法。我国健身步道建设起步于香港和台湾地区,后随"全民健身国家战略"在内陆地区逐渐发展壮大。2018年3月,国家体育总局、国家发展改革委等12部委印发《百万公里健身步道工程实施方案》,提出到2020年力争在全国每个县完成300公里左右健身步道建设。同年8月,国家体育总局在京发布《中国群众体育发展报告(2018)》,报告强调,结合森林防火道、防洪设施、城市绿地、美丽乡村等建设项目,规划建设形式多样的群众身边的健身步道,以此为载体,推动全民健身活动广泛开展。

全民健身基础设施建设的根本目的在于满足大多数民众参与健身运动的诉求。相应地,健身步道建设的初衷在于为大众健身运动提供开放、便捷的公共空间。健步走、跑步、自行车骑行等运动,均是简单实用且能够带来较大健康效益的活动,深受大众喜爱且便于推广。而健身步道相对于体育运动场馆等大型体育基础设施,又往往具有占用空间较小等优势,内嵌于城市功能区块中,缓解民众身边的体育设施不足的问题,有效拓展城市运动空间。相对于一般的道路,健身步道一般由能对运动者构成保护的特殊材质铺设而成,具备防滑、耐久性强等优势,并提供信息、安全、警示等标识系统,最大限度地保障健身运动的安全性。同时,健身步道设施科学、完善。在步道路面及周边设有里程标识、健身指南标识,多样化健身设施,以及适合老年人、残疾人等人群的无障碍设施。较长的健身步道还设有专门的"健身驿站",根据自身条件、因地制宜地设置相应的休息区、服务区,为健身运动者提供休整、测试、救助、餐饮等多样化服务。

健身步道的一大特色在于与当地生态环境的完美融合。例如在材质上,登山步道往往使用原有山径古道,并通过坡道将地势高差相连接;健走道、骑行道等也因地制宜建设沥青道、木栈道、石板道,或是选择配置可形成林荫效果的乔木。与生态环境的完美融合,使健身步道在承担健身运动功能的同时,可以实现欣赏美景的功能,使"最美的风景在脚下"。近期,各地开始出现"最美健身步道",为城市增添一道亮丽的风景线。例如,全程35km的呼伦贝尔国家草原健身步道是我国首条体现草原理念的健身步道,跨越草原、松林、青山、河流、湿地等多种地貌,可以在阳光里享受"会呼吸的乐土",感受大自然带来的美好与愉悦。除依托自然生态外,健身步道通过特别的设计,使大众在运动的同时感受到特别的文化或景致。例如,郑州市建设"科普健身步道",将科普知识绘制到健身步道上,在锻炼身体的同时,收获趣味性与启发性。

全民健身基础设施建设的关键在于使运动更便利、使设施更"接地气",最终更好地满足用户的需求。健身步道的建设,便聚焦了用户需求,融入了许多"黑科技",将步道升级发展为"智慧步道"。智慧步道通常依托大数据、物联网等技术,采用在步道上配置传感器、为健身群众发放健康手环等方式,对运动距离、消耗的卡路里、心率情况等数据进行采集、处理,并通过手机端、手环设备、电子大屏等方式进行实时显示,并提供合理化运动建议。同时,新技术也进驻"健身驿站"等健身步道的中途休憩区域,免费测试体重、体脂率、骨密度、血管动脉硬化情况等多项健康数据,使步道上的运动者对自己的健康状况形成整体把握。此外,健身步道的配套设施也融入了诸多科技元素,如步道两侧的照明灯被替换为多功能灯杆,可以实现无人值守情况下的自动化定时电路控制,并兼备音响、网络连接等功能,为公众夜间健身运动提供便利。

11.1.2 社区体育中心:让运动走入生活

社区体育中心是指在一定区域范围内建设的为满足社区居民参加体育健身活动的多用途、相对集中的室内外体育设施,是大众参与体育运动的物质载体,是社区体育的重要组成部分。这并非一个全新的概念,事实上,西方发达国家社区体育中心已经历了漫长的发展历程,在建设标准和经营管理方式等诸多方面均相当完善。例如,英国体育理事会早在 20 世纪 80 年代便制定了英国社区体育中心的基本标准(SASH),要求每 25 000 人的社区必须建设一个社区体育中心,每个社区体育中心必须能够开展 17 种体育项目。美国社区体育中心的历史则可追溯到 19 世纪末 20 世纪初的"美国休闲运动"。"健康公民 2000 年"更是把增加社区体育中心的数量作为一个重要的指标,而这些指标在 1996 年便提前实现。如今,几乎每个美国社区都有自己的社区体育中心,且一般由室内和室外两部分构成。

近年来,我国也开始关注社区体育中心在全民健身事业中的重要作用。2018 年 6 月,体育总局印发《智慧社区健身中心建设试点工作方案》,强调"将信息技术更好地应用于社区健身中心建设和管理,更好地满足社区全人群对公共体育服务的个性化、多层次需求"。2018 年 8 月,国家体育总局发布的《中国群众体育发展报告(2018)》中更是将"建设一批社区健身中心"列为解决群众健身难的十项举措之一,并提出"原则上每个社区要建一个社区健身中心,社区健身中心采用全国统一标识系统"的要求。

社区体育中心建设的目的在于满足大众的运动需求。一方面,为全民健身提供合适的场地、设备。相对于大型体育场馆建设成本高、利用率低等问题,社区体育中心往往规模较小、成本更低,无论地理位置、实现功能等方面,都更加多样灵活、更接地气。现代体育场馆作为多功能生活设施,逐渐与人们的日常生活紧密相连。体育中心建设的核心问题成为如何真正深入民心,支持民众更好地享受运动、享受生活。而社区作为与民众生活息息相关的基层组织,是若干社会群体或社会组织聚集在某一个领域内所形成的生活上相互关联的庞大集体,是社会有机体最基本的内容,是宏观社会的缩影。由于社区与大众生活的密切关系,全民健身的实现需要从社区起步,率先在中心社区、中心村建设受大众喜爱的、室内外结合的社区健身中心,再向周边空间逐步推开。从大众身边的空间出发,加强基础设施建设,解决健身场地不足的问题。

另一方面,社区体育中心建设的意义不仅在于为大众运动被动提供设备支持,更在于吸引更多民众主动参与到体育运动过程中。通过设立社区体育俱乐部制、会员制等制度,培养稳定的消费群体,使社区体育中心的使用率及效益得到充分保障。更支持多种不同类型的体育运动,满足不同年龄、不同性别群体的运动需求,并不断推陈出新,推出能够吸引更广泛人群参与的独特体育活动。例如,美国社区体育中心一般设有塑胶跑道、篮球场、游泳池、舞蹈教室、瑜伽室等多种场地,包含多种器材,支持多种体育项目同时开展。日本社区体育中心则新增了水中健身操、哑铃操、软式排球、木板冰壶、女子拳击等新健身项目。除多样化的运动项目外,社区体育中心更设置专业的体育培训和体质监测基地,根据不同年龄和需求安排,提供各项免费或收费的服务。社区健身中心还作为重要主体,积极举办各项体育赛事。例如,新加坡体育理事会每年以 15 个社区体育中心为单位组织社区体育比赛,比赛分成不同年龄组,依据社区参加体育活动群体的广泛性来决定比赛结果。除开展体育健身活动以外,社区体育中心更开展多种其他类型的活动,包括志愿者一夜看护、闲置书籍售卖、会展、音乐会,甚至一系列经营活动,开拓多种创收渠道。

社区体育中心的建设强调因地制宜,重视与社区及城市人文景观的相互融合。诸多社区体育中心是由走廊、仓库等闲置空间改造而成的。例如,纽约 Austin Nichols House 原本是坐落于布鲁克林区威廉斯堡的一个仓库,却被改造成设置有氧、力量等训练区域的顶级健身中心。许多社区体育中心包括户外设施部分,将运动设施与生态环境融合成为一个有机的整体。例如,将游泳池与公园水上设施合二为一,或运用健身步道将室内空间与室外自然生态相连接等。另有部分社区体育中心借助出众的设计,在保障运动功能实现的同时,凸显区域特色。例如,马赛的 Chutes-Lavie 社区体育中心位于以犯罪率高而闻名的敏感区域,其采用模压混凝土作为原材料,保护建筑抵挡故意或意外损坏。单体建筑以百叶片形式的混凝土板拼合而成,力图呈现乡村特色,并具有可持续性、容易保养。同时,建筑物外表选择一种植物形态图案,形似普罗旺斯地区的松树,呈现出浓重的区域特色。

11.2 全民运动"热"

全民健身突出表现为日趋广泛的大众群体开始参与到健身运动当中,形成人人参与、人人健身、人人快乐、人人健康、人人幸福的良好氛围。由此,小众运动开始走向大众,趋于普及化;而大众运动在专业性、定制化等方面也有所提升,趋于科学化。面向更多用户的更为科学的全民运动"热"开始兴起。

11.2.1 马拉松"热":小众运动普及化

马拉松作为一项高负荷、大强度、长距离、强挑战的运动,受众较为狭窄,对参与者的要求高。专业马拉松赛甚至作为单调、枯燥、乏味的代名词,长期以来颇受冷落,是一项名副其实的小众运动。但近年来,马拉松已逐步走向大众,甚至成为全民健身领域的一种"现象级"新时尚。一方面,马拉松赛事数量与参赛人数不断攀升,呈现井喷式增长局面。例如,中国田径协会官方网站数据显示,2011 年中国举办的马拉松赛事数量仅有 22 场,到 2016 年这一数字便已达到 328 场,数量增长率高达 1391%。在参赛人数方面,2016 年全年共有近 280 万人参赛,参赛人数是 2011 年的 7 倍。另一方面,马拉松赛事质量不断飞跃,运动的安全性、趣味性均有所提升。例如在日本,色彩马拉松、泡泡马拉松、味觉马拉松等多种新形式的马拉松运动兴起,吸引越来越多的"跑迷"诞生。

马拉松本质是一种超长距离的跑步,而跑步本身具有入门门槛较低、不需要复杂专业的运动场地等优势,可以实现广泛的大众参与,这便为马拉松发展成为可人人参与的开放性运动奠定了基础。马拉松运动和普通跑步运动一样,可以不受国籍、肤色、年龄和社会地位的限制,面向所有人开放。而为使马拉松真正发展为一项全民皆可参与的运动,其在挑战性相对较强的全程马拉松基础上,拓展出半程马拉松等项目,以及迷你马拉松、亲子马拉松、情侣马拉松等融入更多娱乐因素的特色项目。同时,在技术上进行革新,保障马拉松运动的安全、高效、便捷开展,防止超负荷运动可能造成的猝死等恶性事件发生。例如,应用运动手环、运动 APP 等工具,记录参与者运动的行程及运动过程中的身体状况。应用综合气温、湿度、太阳辐射、风多指标的 WBGT 检测法,测试天气状态与运动的匹配程度,及时规避不利天气对马拉松赛事安全可能造成的影响。

马拉松在走向大众的同时,仍保有挑战极限、永不放弃的精神内涵。作为一项极限身体运动,马拉松要求参与者具备足够的体力、耐力,以及身体的承受力、意志力,而现代马拉松充分传承了这一精神锻炼职能。公众参与马拉松运动,往往不仅出于锻炼身体、完成体育项目的目的,更是出于对自我的挑战。马拉松所推崇的顽强拼搏、挑战极限和永不放弃的体育精神被更充分发扬,参与其中的人们很容易被马拉松精神所感染,进而将这种突破精神渗透到日常生活的各个方面,甚至上升到人生目标实现动力源的高度。

在传承马拉松永不言弃传统精神内涵的同时,马拉松运动在走向大众的过程中,更与时俱进衍生出许多全新的内涵。例如,马拉松运动过程中所产生的畅快感,使其成为放松心情、排遣负面情绪的方式,超越运动范围,成为都市人释放自我的选择。家庭跑、情侣跑、环保跑、公益跑等马拉松新类型的出现,以及移动互联网等新技术的诞生,具有浓厚的"体育+"特色,使马拉松运动的内涵得到拓展。例如,在"世界自闭症日"举办"爱星奔跑"公益跑活动,以马拉松的形式号召更多人关注自闭症群体。Shake Run 音摇跑则采用 5 公里路跑+2 小时 Live 音乐大趴的形式,将马拉松与音乐的热情融为一体。各地兴起的环湖马拉松、环岛马拉松、山地马拉松等特色运动项目,更是将马拉松与当地自然生态相结合,实现运动与观光的一体化。这一系列的创新活动,有效拓宽马拉松受众范围,以多元内涵对接不同群体用户需求,使其从一项小众运动,受到越来越多的关注和热爱。同时,提升马拉松运动质量,提升参与者黏性,使马拉松运动更多地发挥维系人与人之间纽带的作用,以及实现社交及娱乐功能,乃至倡导志愿服务理念及绿色健康的生活方式。

11.2.2 广场舞"热":大众运动科学化

广场舞是一种集健身与形体舞蹈于一体的群众性健身舞蹈活动,多为徒手健身,也可手持轻器械,是一种源于社会生活,产生于群众之中的,具有开放性、广泛性、自娱性的大众运动形式。广场舞具有塑造健美形体、提高心肺功能、锻炼体质、缓解精神压力、娱乐身心等健身作用，同时，动作简单易学、风格多样，对舞蹈基础、场地器材等要求不高，且没有年龄、性别、民族的限制，可以随时随地融入其中，因而拥有广泛的群众基础，迅速成为最受欢迎的大众运动项目之一。

广场舞作为一项集健身、娱乐、休闲为一体的体育运动项目，相比于其他健身项目，具有参与人群基数大、密度高、热情足、随意性强等特点，因噪声扰民等原因而广受诟病。其所引发的一系列纠纷，影响范围广，受关注程度高，甚至演变为一项社会问题。剖析广场舞纠纷，可以发现噪声影响与管理矛盾、场地狭小与需求膨胀矛盾、素质与法规缺位矛盾等多重矛盾，但归根到底还是自发于群众间的广场舞运动科学性不足，无论自我发展状况还是配套设施、制度建设等方面均不成熟。事实上，所谓广场舞问题并非个例。以广场舞为代表的一大批大众运动，具备受众广、参与性强等优势，但科学性的欠缺往往使其广受诟病，发展之路因此受阻。而智慧全民健身的一大表现便是对这些不成熟的大众运动形式进行支持、引导、规范，使其走上科学发展之路。

一方面，智慧全民健身对广场舞等大众运动形式总体持支持态度。这些运动虽不成熟，但往往具有良好的群众基础，在满足大众运动需求方面独具优势。例如，参加广场舞的健身人群主要为女性，以中老年为主，且大部分没有接受过高等教育。这部分群体没有接受过良好的体育教育，且因年龄原因重新学习竞技性强的体育运动项目难度大，只能选择简便易行的健身活动。这部分群体是全民健身中不可缺少的组成部分，又受自身诸多因素限制，可选择的运动项目空间相对狭窄，而广场舞是其不多的运动选择之一。智慧全民健身推广全民的运动，要关注这部分群体的运动需求，势必在开发新运动形式的同时，支持广场舞等固有大众运动项目的发展。

另一方面，智慧全民健身积极完善广场舞等大众运动形式的相关配套。在运动场地方面，广场舞往往缺乏专门的场地，而选择与居住地、工作地较近的广场、公园进行运动。同时，随着城市的扩张，城市内部建筑密度不断增大，挤压城市空地，健身人群与周边居民的矛盾也因此日益严峻。智慧全民健身在加强体育运动基础设施建设的同时，更应当引导大众接受并习惯使用这些基础设施。以广场舞为例，应引导广场舞走出广场，走向专门的社区体育中心及运动场馆，选择科学专业的场地与设备。除运动场地外，广场舞纠纷的出现更暴露出相关法律法规的缺失，使受到广场舞噪声干扰的民众面临投诉无门的局面。因此，智慧全民健身在鼓励运动走向大众的同时，更应重视运动的科学性，对大众健身运动行为进行规范。细化关于大众健身权利影响其他公民合法权利的处罚规定，明确健身运动中哪些行为是合理的，哪些行为是不被允许的。

再一方面,智慧全民健身引导广场舞等大众运动形式向更文明、更科学方向发展。全民健身运动初期,主要任务是激发群众健身热情,引导更多民众参与到健身运动中。而当越来越多的民众参与到健身运动中,中心任务开始逐步转变为提高公民科学健身素养,倡导健康生活方式,开展"终身体育"教育方面,由强调提升健身频次向重视健身效果方向转变。大众运动科学化提升除可通过宣传引导实现外,更注重新技术的应用。例如,先进的定向声学技术可以通过信号处理实现声音控制,使声音像探照灯一样在有限区域内传播,解决广场舞噪声扰民难题。再如,增强现实技术可以通过提示音和画面,提供身临其境的舞蹈指导,使广场舞更加专业。

智慧全民健身不仅使广场舞等大众运动更"热"了,而且内涵更丰富,更具多元价值。例如,看似普通的广场舞,便衍生出千亿规模的市场。仅服装、音响、视频播放器三项与广场舞直接相关的产品,一年便可创造近30亿元的销售额。除经济价值,通过在广场舞中嵌入传统文化元素等方式,可展现广场舞文化价值。

11.3 健身体验"新"

智慧全民健身试图探究如何使更多民众参与到健身运动当中,并特别强调应用智慧的力量对健身运动进行改造。这便在传统健身运动基础上,衍生出了一系列新产品、新途径、新模式,为健身用户带来全新体验。

11.3.1 乐刻运动:7×24运动进行时

在全民健身的大潮之中,健身运动房占据至关重要的位置。健身房不仅为健身运动提供场地支持,更提供专业化的课程、教练指导及相关配套服务。但传统健身房总体仍属于"中产级别"消费的时代,以"年卡和现金流"建立与用户间的高度绑定关系。而随着智慧全民健身运动的兴起,一系列价格低廉、满足多样需求、可提供全天候服务的智慧健身房开始出现。智慧健身房的诞生,将线上线下联动起来,盘活运动资源,让用户享受到高性价比的健身服务,使健身体验更自由灵活。其中,乐刻运动便是这种智慧健身房的代表。

乐刻运动2015年在杭州成立,是由杭州乐刻网络技术有限公司开发的、全国规模最大的24小时连锁健身品牌。公司成立三年间,已在北京、上海、杭州、南京、济南、重庆、深圳、武汉 8 大城市开设门店近 500 家。数量庞大的线下健身房门店，使乐刻看起来与传统的连锁健身房并无不同。但事实上，乐刻运动是一家健身运动平台型公司，其通过健身手段、资源、场景、消费方式、运动生态等方面的积极创新，建立覆盖全健身产业的 O2O 平台。而线下门店的设立只为撬动更多线下资源。因此，乐刻运动及其智慧健身房早已脱离实体健身房的外壳，走上线上线下一体化道路，成为一个提供 7×24 多样化智慧健身服务的样板。

乐刻运动致力于走平民化全民健身道路，使健身运动成为"每个人像喝牛奶一样的普及化活动"。自成立之初，乐刻运动便提出打造"1 公里健身圈"的美好愿景，力争为更广泛的用户提供更便携、高性价比、个性化、温暖快乐的健身运动服务，并更为具象地提出了 7×24 小时自助服务、99 元包月付、全程无推销等全新的健身房模式，吸引更多的用户资源。乐刻运动希望使每个人都可以平等享有运动健康的资源和权利，并基于此提出了"教练脱媒"和"场地共享"的核心理念，即运动的场地可以是租用、借用的，指导教练可以是兼职的。乐刻所做的并非是占有这些运动资源，而是将资源盘活，为产业赋能，让健身场馆最终回归健身本身。目前，乐刻运动已经成长为全国门店数最多、门店扩张速度最快、坪效最高、用户口碑最好、教练价值最大的健身运动赋能平台。

乐刻运动的不断发展壮大离不开庞大的用户基础及灵活多变的空间产品形态，更离不开背后强大数据平台及先进智能技术的支持。互联网、大数据、物联网等工具的应用，可以突破人工困境，打造"无人健身房"，实现 7×24 全天候自助服务。所有硬件设备的使用情况均处于实时监控当中，监控数据将及时反馈至数据监控中心，保证线下门店安全可控。用户可以应用线上 APP 查找附近的门店，获取课程介绍及线上自主约课，并通过二维码扫码进门、签到，开启健身之旅。同时，乐刻运动会通过采集用户的性别、年龄、职业、运动习惯、消费偏好等数据，生成对用户的整体画像，并根据用户运动喜好、生活习惯的不同，提供针对性的运动项目及课程服务推荐，实现用户与场地、课程、教练的最佳匹配，并为用户提供免费的体质测试和科学健身知识课程，以及向长时间没有运动"打卡"的用户发送督促健身的推送信息，使服务供给更加人性化，更符合用户的切实需求。

乐刻运动在利用智慧化手段优化运动体验的同时，更试图将健身运动打造成一种生活方式，而非局限于一种运动项目。乐刻运动希望通过一系列内容设计，使健身运动成为一种时尚健康生活的代名词，激发每个用户内心的共鸣。例如，乐刻运动挖掘优质舞蹈教练资源，策划了一场针对青年群体的"手枪舞"挑战赛活动，上线两周就吸引超过 4000 人参与，相关话题的视频播放量超 1200 万次。推出运动社区，开发运动 PK 等活动，将社交元素引入运动，提升健身运动的娱乐性及参与性。打造"5.28 健身狂欢日"，带动线上线下相结合的健身运动热潮。这一系列内容设计方面的努力，不仅达到良好的引流目的，使庞大的健身运动参与用户呈几何倍数的增长，更充实健身运动内涵，打造更为丰富的全新运动体验。

11.3.2　Plogging：运动拯救地球

智慧全民健身在运用智慧的手段对健身运动进行革新的同时，也孕育了一系列全新的健身运动形式。这些运动形式往往在传统运动项目基础上，融入一系列全新的元素，以迎合日趋多元、动态、碎片化的现代生活节奏，更好地满足用户的需求。而被誉为"2018 健身新风潮"的 Plogging 便是其中的代表。

Plogging 是瑞典语的派生词，是 Plocka up（拾起）与 Jogga（慢跑）的结合体，中文将其翻译为"拾荒慢跑"，通俗一点即为"慢跑捡垃圾"。这项运动最初由 57 岁的瑞典人 Erik Ahlstrom 发起，当他从瑞典中部的滑雪胜地搬到首都斯德哥尔摩后，无法相信城市之中有如此多的垃圾，于是组织慢跑团，号召友人们和他一起穿过斯德哥尔摩，随时随地捡垃圾。2016 年，这项运动在瑞典引发强烈关注，吸引越来越多的运动团体参与其中，成为一项热门的运动社交活动，并伴随人们对塑料垃圾的关注和担忧不断升级，于 2018 年迅速风靡全球。如今，Plogging 已经在社交媒体上拥有了自己的标签，Plogging 运动的参与者通过社交平台分享自己的运动动态，他们不再晒自己运动的公里数或是燃烧的卡路里量，而是上传捡拾垃圾的照片、PK 收集垃圾的数量。Plogging 伦敦、Plogging 纽约、Plogging 法国等话题，登上各国社交媒体热搜榜单。法国 Plogging 社团更是在社交应用程式 Instagram 上开设账号 Ploggingfrance，定期发布社团活动照片，号召更多人加入到 Plogging 运动中。

Plogging 席卷全球的秘诀之一，在于其受众广泛且简单易行。无须特殊的装备，只需多一副手套、几个垃圾袋，便可在跑步健身的同时兼顾环保，在改善自身健康状况的同时改善整体环境的健康状况，这是无论老人或是孩童都可以参与其中的真正意义上的全民健身。而 Plogging 兴起的更深层原因在于随着经济水平的提升，friluftsliv、hygge 等强调珍惜身边片刻幸福的"小确幸"思潮兴起，越来越多的人希望为保护身边的幸福承担起自己的责任。而 Plogging 使每个普通人拥有尽微薄之力为环境保护做出贡献的能力，彰显每一份微小力量的作用，使运动参与者沉浸于运动拯救地球的自豪感之中。Plogging健身运动虽看似普通，却有着人人期待的结果，让世界成为更好的世界，让自己成为更好的自己。

　　作为一项全新的运动形式，Plogging旨在鼓励人们在运动的同时留意捡起和搜集周围的垃圾，以达到跑步锻炼身体和净化周围环境的双重意义。跑步对健康有益，而拾垃圾对地球的健康有益，Plogging将两者巧妙地结合在一起，为普通跑步运动打造环保场景，将善行和环保情怀融入运动内涵，形成一种新的环保健身运动形式。这种场景打造与多元素融合，将相同特征和需求的用户聚集到一起，酝酿出一种全新的社群亚文化，进而提升用户黏性，实现运动价值的最大化。

　　虽然被赋予环保的内涵，Plogging本质上仍是一种运动项目。事实上，Plogging看似简单，却能达到意想不到的运动效果。健身应用程式Lifesum统计数据显示，一般慢跑平均每小时消耗235卡路里的热量，Plogging则平均每小时可消耗288卡路里热量，比一般慢跑多消耗53卡路里热量，具有更好的燃脂效果。除此之外，Plogging遵循"慢跑—短暂停歇—下蹲捡垃圾—起身—慢跑"基本运动流程，形成综合的"间歇"和"伸展"，可以综合锻炼胳膊、腿等多处身体组织。而捡垃圾的动作则更类似于健身中常见的深蹲动作，除涉及双腿肌肉练习之外，还顺便带到核心肌群并有助于肌耐力和心肺功能的提升，健身运动效果十分显著。

"体育+"跨业融合

　　智慧体育区别于传统体育的一大特征,在于体育外延的扩张及内涵的丰富。体育从一个"小体育"的概念成长为"大体育"的概念,开始更多地与旅游、文化、教育、养老等体育外领域融合,走上"体育+"的道路。"体育+"衍生出了众多复合型产业和跨业融合新业态,包括体育医疗、体育旅游、体育金融等。事实上,这些新业态已成为智慧体育落地化的重要实践形式,迸发出强大的发展潜力。

12.1 体育医疗

　　体育医疗即"体医融合",是体育与医疗跨业融合的产物。传统医疗专注于患者临床康复,体育则侧重于竞技与健身,两者归属于不同的领域,但同为大众健康服务。体育医疗的出现,一方面强调以医学的思维使体育运动更具科学性、安全性、实用性,使运动者更加聪明;同时强调以体育的方式治疗创伤和疾病,使运动成为良医。

12.1.1 做聪明的运动者

　　体育运动本身是以提升健康水平为目的的,但并非所有的运动都可以实现这一目标。凭借自身感觉与经验开展的体育运动,缺乏科学性。这种盲目的运动缺乏对运动强度、运动量的控制,以及运动方式的选择和必要的保护措施,不仅达不到保持健康的效果,反而极易导致运动损伤。这便需要从"医疗"的角度着手,进行体能评价和运动分析,正确而有效地引导科学运动。

　　体育医疗的出现,可以着力提升运动的安全性及有效性。从安全性方面看,不安全的体育运动环境、超负荷的体育运动,都可能造成运动损伤。而许多自认为健康的运动,也往往是充满风险的。"跑步膝""网球肘""运动性晕厥""猝死"等各类运动伤害事件的发生,不断提醒我们,体育运动在带来健康收益的同时,更可能对身体造成不同程度的伤害。特别对于亚健康人群甚至病患来讲,体育运动的安全性更是一个值得格外关注的话题。例如,运动引发的血糖波动,对于糖尿病患者是损害健康的;而运动引发的心跳加速,更可能增加心脏病患压力,造成运动猝死现象的发生。因此,体育运动的开展需要借助医疗的力量,控制运动风险,提供科学指导意见。另从有效性方面看,专业化的医疗意见,可以提升体育运动的产出效率,对自身体质短板及健康情况制定针对性运动方案。例如,体育运动强度过低便会导致运动效果差,强度过高则会造成安全风险。体育医疗力求通过体育与医疗的融合,发现最佳的运动方案,实现体育运动效益的最大化。此外,也能在运动风险已发生后,采取必要的救护措施,防止对运动者造成更深程度的伤害。

体育医疗既强调整体性,又强调个性化。体育运动本身是一个整体性活动,包括上下肢、核心部位、心肺功能和力量、柔韧、平衡、协调等。同时,医学要求体育运动应当是一种有计划地科学运动方式,包含运动训练学、体能训练学、运动营养学、运动功能评定学、防伤康复训练等多方面内容,以使体育运动由追求技能的提升,真正回归追求健康的本质。而体育医疗作为体育与医疗的结合体,更是一个需要多方协同的系统性工程。但由于每名用户在身体状况、运动诉求等方面均存在差异性,如同样的运动对于不同的人实际强度不同,产生的效果也不同。即使是同一个人,处于不同的年龄阶段、身体状况下,对体育运动的承受程度及兴趣取向也不同。因此,体育医疗在强调整体性的同时,更要注重个性化,因人而动,因时而动。根据用户个体差异,发现短板,并制定具有针对性的锻炼方案,以达到最好的体育运动效果。

无论强调整体性或是强调个性化,归根到底还是探究如何更好地为用户服务,将科学运动融入健康生活。所谓"人人享有健康,一切为了健康",进而实现全民健康状态。在具体的落实过程中,体育医疗一方面重视先进信息技术的应用,科学性与娱乐性双管齐下,充实用户的运动体验。体育医疗从可穿戴设备、电子APP等入手,实现对用户生理、运动数据的实时采集,以及运动效果、经验的实时互动分享,并对数据进行处理、分析,将专业化的运动建议以可视化的形式展示给用户。另一方面,体育医疗重视利用"社区"的力量,推动科学、健康、人性化的运动方式深入千家万户。在日本,社区中会配备有具备专业知识的医生,为体育运动爱好者提供服务。每名初入健身房的体育爱好者在进行体育运动前,均需经过全面的医学检查,以对身体健康状况及运动能力具备大致的了解,并就是否适合运动,适合什么种类、什么程度的运动,出具运动处方。至于我国,上海市通过"社区主动健康计划",将预防保健的"靶点"前移,培养用户的健康理念和运动习惯,促进形成良好的生活方式。武汉市则通过"江城健身e家",建立集国民体质检测、室内器械健身、科学锻炼指导、健身技能培训与宣传、健身活动组织和指导"五位一体"的社区体育综合服务新模式,制订社区健康主动介入计划。

12.1.2 使运动成为良医

体育运动不仅可以强身健体、预防疾病,还可以用于治疗疾病及病后康复。体育运动与医疗相结合,可以以医学的思维、运动的方式,帮助康复人群、病症人群、病兆人群、亚健康人群回归健康状态。正如《"健康中国2030"规划纲要》所提出的,"建立完善针对不同人群、不同环境、不同身体状况的运动处方库,推动形成体医结合的疾病管理与健康服务模式,发挥全民科学健身在健康促进、慢性病预防和康复等方面的积极作用。"

体育运动对于预防、控制糖尿病、高血压、颈椎病等慢性病,成效显著。传统意义上,医疗对于与这些运动不足相关的慢性病,并没有很好的治疗方法。尽管国家在慢性病控制方面投入巨大,但慢性病发展势头不仅没有得到控制,反而有爆炸式发生、蔓延流行的趋势。但事实上,慢性病的发生、发展并非是完全不可控制的。例如,芬兰糖尿病预防研究和美国糖尿病预防计划研究结果均发现,通过增加体育运动、改善饮食等方式,可以降低58%的糖尿病发生率,这一方式效果甚至好于经典预防糖尿病的药物二甲双胍。与糖尿病相似,通过合理、科学的体育运动,可以降低慢性病的发病风险,达到疾病预防的效果。此外,体育运动在临床多种慢性疾病的治疗中,更是都发挥了巨大的、非传统医学手段和药物治疗不能比拟的作用。通过运动干预,患者普遍可以收获短期、中期、长期的健康收益,体育运动也因此被引入众多疾病的临床治疗规范中。Exercise is medicine(运动即良医)逐渐成为医疗界所广泛认可的理念。

除在疾病的防控方面发挥效益外,体育运动更通过增强体质来协助医疗活动。例如,大型手术前,医生往往会建议患者加强体育运动,以提升对大型手术的耐受能力。再如心脏康复治疗中,患者体能的短板往往影响靶心率强度的到达,进而影响康复治疗的效果,这便需要患者进行灵敏性、协调性、下肢力量的针对性训练。总之,体育运动可以带来更长的无事件存活率、更好的精神健康、更少的住院率、更低的复发率以及更高的总体生存质量,这些变化是医疗手段,包括药物和营养均无法替代的。

总体上,体育医疗存在两大重点,并最终归结于"实现用户健康水平提升"的目标。重点一在于以体育治未病,这一重点着眼于将健康体检与体质监测相结合,强调体育运动对疾病的预防与早期干预。利用健康体检与体质监测筛查亚健康人群、生活方式不良人群、慢性疾病病患,出具运动处方,以医疗为指导,以运动为手段,进行体医结合的综合治疗。重点二在于以体育助康复,这要从三甲医院高水平专科医生开始,于与运动密切相关的多发病、常见病领域着手,进行体育与医疗的合作。事实上,这种体育医疗的实践已并非新闻。例如,北京广安门医院呼吸科就已与美国梅奥医院、体育总局科研所共同开展临床慢性病康复运动专用运动营养品的临床效果观察,并有效提升了康复运动的效果。而常州体育医院则设立了专门的PT训练大厅和器械训练区,并在运动与健康促进中心设置专门的健康咨询室。体育科研所、运动医学所更是合作成立体育医学研究中心,联合医学院校、体育院校等多主体,共同推动体育医疗深入发展。

体育医疗通过运动干预服务,进行科学合理的身体锻炼,将治病前移到防病;并结合身体、心理诊断分析,制订运动处方,利用体育锻炼进行心理调整与自我身体保健,有效地缓解亚健康状态。由此,体育医疗实际已成为大健康产业的重要组成部分,以及健康中国建设中的重要战略举措,为社会提供更多低价、高效、难以替代的健康产品与服务。

12.2 体育旅游

体育旅游是体育与旅游跨业融合的产物,是以体育本体资源为核心、旅游服务要素为载体发展形成的一种兼具体育与旅游特性的新型业态。体育旅游的诞生,根本上源于体育与旅游两者具有高度的产业关联性,体育是旅游最值得充分利用的资源,而旅游则是体育产业最好的市场渠道,这使得体育和旅游可以在更大范围内进行融合。据联合国世界旅游组织2016年统计数据显示,体育旅游产业正以每年14%的速度增长,成为全球旅游市场中增长最快的细分行业,远超旅游产业4%~5%的整体增速。

12.2.1 俄罗斯世界杯与旅游热

2018年7月16日凌晨1点,伴随着法国队4∶2击败克罗地亚队,第24届俄罗斯世界杯足球赛落下帷幕。作为四年一届的国际盛事,世界杯吸引了世界的目光,并创造出巨大的经济价值。超过250万张门票被出售给全球各地的球迷,全世界有数十亿人观看了世界杯的直播。除门票经济外,世界杯更刺激了体育旅游热。俄罗斯世界杯期间,全球 80 余个国家近 60 万球迷赴俄罗斯观赛。即使在世界杯落幕后,长尾效应持续发酵,体育旅游依旧热度不减,7 月中旬至 8 月底期间赴俄罗斯机票预订量同比增长超过三倍。

世界杯等大型赛事的举办,正在充当体育与旅游的黏合剂,使这两大原来相关性不高的产业加速融合在一起。世界杯的举办,一方面吸引大量具备较高黏性及忠诚度的球迷群体前往观赛;另一方面,借助自身较高的关注度及广泛的国际传播效应,吸引追逐热点的群体前往朝圣观光。由此,赛事的纽带最终促成了旅游的行为,吸引大批人员聚集到同一目的地,其影响力和关注度足以将举办地打造成为国际旅游目的地。旅游产业和体育产业交叉渗透产生体育旅游新业态,实现体育与旅游的双赢。

体育旅游一方面强调观赏性,即需要像俄罗斯世界杯一样的高质量赛事 IP,以核心赛事 IP 带动专属性的旅游项目。世界杯足球赛本身具备"规则化语言"的文化属性,即可以为世界大多数国家的民众所接受、热爱,具备天然的国际化特征。世界杯对力与美的展现,及对运动激情、快乐的彰显,为全球用户提供了极具观赏性的视听盛宴,把持着全球范围内关注度最高、话题性最热、吸金能力最强国际赛事的宝座。事实上,赛事的品质是其影响力发挥的前提,也是体育旅游得以开展的基础。优质赛事所具有的观赏性及话题性,会吸引大批体育运动爱好者自发前往,这些体育运动爱好者的特殊性在于对赛事具有较高的认知度及忠诚度,会追随赛事自发前往举办地。同时,优质赛事也会引发旅游市场的关注,以此为契机开发具有针对性、个性化的旅游项目。

体育旅游另一方面强调参与性,即不仅仅停留在观赛休闲上,而是融入更多的体验性、互动性要素。如果单方面追求观赏性,无非是为传统旅游附上一张引流的赛事门票,这种体育与旅游的融合方式显然是不够深入的。体育赛事集聚了人流,而住宿、餐饮、相关纪念商品销售等赛事周边消费则将人流转化为切实的商业价值。俄罗斯联邦旅游局统计,世界杯期间每名赴俄罗斯的外国游客的平均花销在 500~3000 美元不等,世界杯的拉动效应让俄罗斯充分享受到了足球经济的红利。因此,要想实现体育与旅游的深度融合,关键要在增加衍生服务方面下功夫,尤其需要培养独有的品牌与特色。体育和旅游的融合性越深入,其囊括的范围就越大,对时间和空间的界限也越虚化。例如,世界杯的成功举办为俄罗斯旅游提供了一张金名片,但如何更充分地挖掘世界杯赛事资源,使其更具持续性、更有效益,成为一项更为重要的工作。世界杯期间,包括训练场参观、与球星见面、文化溯源等活动的推出,均为更多发掘赛事外附加价值的积极尝试,以更多层次、更为多元化的体育旅游商业模式,延伸和拓展体育赛事的价值。

为刺激旅游热,俄罗斯在世界杯期间推出"球迷护照",以免签政策吸引更多人前往俄罗斯,并于世界杯结束后将这一政策顺延至年末,以期持续汲取世界杯红利。另通过对世界杯场馆再利用等方式,努力保有赛事热度。同时,更注重聚焦用户的需求,推出相适应的体育旅游产品。垂直于市场的旅行服务商会把服务用户体验作为重中之重,推出诸如足球情怀传承父子游、情侣蜜月朝圣之旅等主题产品。而更合理的路线规划、更精彩的内容设计,及更深刻的文化渗透,更能激发用户的热情,进而使用户的价格敏感度降低,产生类似于"粉丝经济"的巨额经济效益。此外,更利用先进信息技术对体育旅游开展方式进行革新,除传统线下旅行外,更与专业体育内容生产平台、媒体社区平台合作,推出一系列线上旅行体验项目,使体育赛事于线上和线下两方面均产生不俗的消费转换率。

12.2.2 法国沙木尼的"冰雪奇缘"

除依托精品赛事外,体育旅游还通过打造休闲旅游度假区、特色体育小镇等方式,以一批体育特征鲜明、产业集聚融合、生态环境良好、惠及人民健康的示范基地,将体育与旅游元素紧密结合在一起。法国沙木尼体育旅游小镇便是其中的代表。

沙木尼体育旅游小镇的建设,与当地优秀的自然禀赋密不可分。沙木尼位于法国中部东侧阿尔卑斯主峰勃朗峰脚下的山谷里,毗邻意大利和瑞士,市中心海拔1035米,是法国高度最高的镇之一。在勃朗峰的恩泽下,沙木尼成为现代登山运动的发源地,被誉为"户外爱好者的乐园""滑雪者的天堂"。优秀的自然禀赋孕育了一群热爱冰雪运动的当地人,并尝试充分挖掘这种天然优势,创造经济效益。1821年,沙木尼开始发展登山服务业,为攀登勃朗峰的各地游客提供多样化服务。历经百年,沙木尼的特设冰雪运动产业已相对成熟,具备广泛而专业的体育项目,及完善的休闲配套服务,满足用户的多元需求。如今,沙木尼尽管常住居民仅有1.3万人,但通过体育旅游小镇运动体验与休闲旅游的有机结合,每年要接待超越200万的登山滑雪运动员及体育爱好者,进而带动了当地经济的繁荣。

法国沙木尼体育旅游小镇充分挖掘自身自然禀赋,演绎了一段现实版的"冰雪奇缘"。资源基础理论认为,资源的异质性来源于其稀缺性或唯一性,而具有不易模仿性和不可替代性的价值资源,极易实现持续竞争优势。这一理论同样适用于体育旅游领域,体育旅游开发首先建立在一系列自然资源优势的基础上,遵循目的地产品差异化的原则。勃朗峰所蕴含的丰富高山及冰雪资源元素,具备稀缺性和不可流动性,而对这些优秀自然资源的挖掘,是沙木尼体育小镇建设的关键之一。沙木尼借助勃朗峰高山、冰雪资源,开发出适用于一年四季、不同消费群体的多元化体育项目,包括5000多条攀岩路线,及众多攀冰、登山路线,以及滑雪、冰球、高山滑翔伞、溪降等体育运动项目。

多元化体育项目的开展,离不开完善配套服务的支持。相应地,沙木尼体育旅游小镇的发展,离不开高质量、高水准的软硬件配套建设。在硬件方面,沙木尼体育运动场馆、观光交通等基础设施完善,如沙木尼缆车道将海拔1035米的沙木尼和海拔3842米的南针峰连接起来,为登山者和滑雪者带来了极大的便利。多样的一流冰雪体育设施与大自然优美环境融为一体,另有高质量的软件配套服务,包含最具代表性的向导服务、住宿服务、商业服务、医疗服务四大服务体系(如图12-1所示)。在向导服务方面,沙木尼拥有专门的向导公司及超过150名的注册职业登山向导,为数万游客提供全方位攀登、滑雪服务。在住宿服务方面,沙木尼拥有星级酒店、青年旅社、家庭旅馆、公寓、露营基地等50余家住宿场所,并提供有房屋租赁、度假中心等物业接待服务。在商业服务方面,沙木尼拥有40余家体育用品商店,以及提供沙木尼传统美食和西式休闲美食的餐饮、休闲娱乐等服务。至于医疗服务方面,沙木尼形成"急诊救援+综合医院+研究中心"的综合医疗服务体系,并设有高山救援队,提供7×24的全天候救援服务。

沙木尼体育旅游小镇拥有多元化的体育项目及完善的配套服务,而这一切建设与规划的根本立足点,还是在于用户的需求。参与体育旅游的用户,个体动机既具有共通点,更具备独特性。其具有乐趣动机,希望在体育旅游的休闲娱乐中愉悦身心、增进健康水平;具有归属动机,希望结识不同的人,成为运动集体中的一员;具有展示动机,希望提升自身的运动科学性、专业性,展现自己的价值。不同的动机孕育不同的诉求,除推动小镇丰富的冰雪运动项目外,更因地制宜,深入挖掘其可承担的多样化功能,带动资本、技术、人才、信息融合,推动产业转型升级和增长方式转变。于完备的产业集群和产业生态链上,寻求体育旅游所带来的衍生价值。例如,沙木尼建立了专业的高山运动教育培训,建设古典与现代融合的多样化建筑,打造养生度假基地、论坛会议举办地、娱乐享受平台,不断丰富其功能内涵。体育旅游小镇通过要素整合和资源

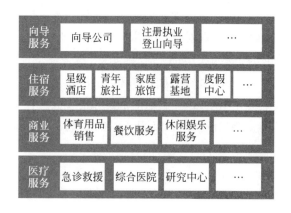

图 12-1 沙木尼四大配套服务体系

资料来源：搜狐.冰雪体育小镇：谁将成为中国的沙木尼？［EB/OL］.http://www.sohu.com/a/146565622_483560,2017-06-06.

整合，将体育、旅游、健身、休闲、娱乐多元素融合为一体，构筑符合冰雪体育运动项目的良性运营一整套体系，实现巨大的经济价值。

12.3 体育金融

体育金融是体育与金融良性互动、彼此融合的成果，是2018年体育产业的一大热点，并有望成为未来十年持续发展的一种趋势。体育与金融两者均具有极强的融合性，因此体育金融这一跨业融合模式的出现，其实并不意外。一方面，体育产业成为金融投资新风口，金融资本通过与体育赛事捆绑，在助力体育发展的同时，实现自身的营销策略。另一方面，除投资外的体育金融创新模式涌现，探索将金融切入运动场景，更好地实现体育与金融的双赢。

12.3.1 资本掘金体育风口

体育金融首先表现为金融资本以投资的形式，介入体育产业。这是体育与金融跨业融合的最初级表现形式，也是最为普遍的表现形式。体育金融的跨业融合对体育的驱动作用不言而喻，对金融本身也极具益处。体育产业的良好发展状况及乐观前景，可以为金融投资带来不菲收益。金融产品与服务亦可借助体育影响力、参与度，实现自身知名度、品牌价值的提升,收获长期效益。

多数金融平台选择以体育赛事为切入口,进行体育金融实践。具体包括赛事赞助、竞猜赛事＋投标等方式,将金融产品、服务与体育赛事活动相绑定。例如推出进球加息理财产品,当投资人支持的球队获胜或进球后,即可通过加息的方式获取额外收益。这种方式在使金融机构获取收益的同时,在体育赛事趣味性提升、用户参与性提升等方面均发挥了一定的促进作用。同时,国家也针对这种赛事金融模式出台了一系列支持政策。例如,2017年7月出台的《支持社会力量举办马拉松、自行车等大型群众性体育赛事行动方案(2017年)》中,提出"在风险可控、商业可持续的前提下,鼓励赛事举办机构与金融机构合作,提供更多契合社会力量举办大型群众性体育赛事特点的金融产品和服务,不断提高金融服务的针对性和质效"。在政府政策的支持下,体育赛事与金融资本的业态融合发展趋势更加明显。

除赛事这一主要切入口外,体育金融还包含对体育设施、场馆、园区等体育重资产的投资、运营及证券化。随着大众体育需求的不断升级,对体育设施的投资以及以融物代替融资的体育设备租赁业,变得前景非凡。而在体育小镇概念大热后,体育对土地价值的提升作用更加凸显,体育小镇建设对特定区域的土地整理、基础设施建设、公共设施建设、产业引入和运营服务的需求,更需要大量资本力量的介入,以支持一二三级开发,乃至后期运营功能的实现。特别是大型体育资产交易平台的出现,更加推动体育重资产投资。虽然目前交易平台仍主要从事中小型赛事招商工作,但随着平台自身的不断完善,将逐渐发展为涵盖体育赛事、场馆、运动员多领域,物权、经营权、知识产权、股权、债权等多类型的体育资产交易平台。

而从金融切入体育领域的形式来看,包含彩票、基金、保险等多种形式,以及众筹等新金融形态。一方面,体育彩票是现阶段体育产业最具爆发力的投资标的。体育彩票销售收入由返还奖金、彩票公益金、发行费三部分组成,盈利能力强,现金流稳定。尤其在互联网彩票开放后,体育彩票与体育赛事、运动内容结合的能力显著提升,参与性、实时性、趣味性、互动性也大幅提升。我国体育彩票在过去15年中稳步增长,预计到2020年体彩市场规模将突破万亿元。而在大型赛事期间,体育彩票这种体育与金融的结合方式效益更为显著。例如,在俄罗斯世界杯期间,我国体育彩票销售额同比增加247.87亿元,增长率达73.2%。其中,竞猜型彩票销售额增长显著,同比增加231.41亿元,增长率达364.7%的较高水平。

另一方面,体育基金和体育保险静待风起。在体育基金方面,据体育BANK不完全统计，2013年1月至2018年1月，共有35支体育产业基金成立，基金投资总规模超1370.56亿元。另据FellowData调查数据显示，在融资金额超过2亿元人民的项目中，产业基金和上市公司占主导地位，巨头开始加速布局包括大中赛事、球队俱乐部、场馆、媒体平台等在内的体育本领域及衍生领域。体育产业基金主要以赛事为中心，围绕赛事服务、赛事运营、赛事衍生品三大维度进行全产业链投资。在体育保险方面，面向体育赛事组织者的赛事险与责任险，面向体育设施与产品供给方的责任险、资产收入险，面向运动员、观众、志愿者等参与人员的人身保障险等多种体育保险涌现，并开始与校园、养老、理财等生活化保险融合，呈现出巨大的发展空间。

以投资的形式介入体育产业，主要出于金融机构对体育产业发展前景的乐观预判。金融机构希望通过自身资本的注入，更好地挖掘体育产业的附加价值，同时获取更高收益，实现自己的逐利目的，并通过体育赛事、体育基础设施等一系列面向更广泛大众的渠道，植入金融产品与服务，获取更高的公众曝光度，进而挖掘潜在用户。这种形式的体育金融虽可实现金融、体育双流量整合，但实际仍是以产品为出发点的，体育与金融的融合程度并不够深入，更像是一场在体育外壳包装下的金融促销。

12.3.2 场景推动运动变现

相对于以投资的形式，直接切入体育产业，运动变现金融模式是体育运动与金融融合的新形式。运动变现金融模式强调通过场景切入，将复杂的流程和产品进行再造，使产品服务直接与用户需求相对接，以更灵活多样的形式融入日常生活，为用户带来价值。

目前，体育金融领域已存在诸多以场景切入推动运动变现的尝试。例如，众安保险推出"步步保"，力求将用户运动数据与健康险保费挂钩，以智能化的方式实现精准定价，破解传统健康险高定价、高赔付的恶性循环难题。这种以运动因子作为实际定价依据的保险服务，具备高频、可变、良好交互的特征。通过与可穿戴设备及运动大数据结合，与华为手机、魅族手机、小米运动APP、乐心运动APP、手机淘宝APP、乐动力APP、Bong手环、刷刷手环等多个移动数据终端合作，全方位采集用户运动数据。用户可以用每日运动量抵扣保费，每日运动步数越多，下月需缴纳保费越少，最高可换取20万元重疾保障。由此，运动量直接决定用户缴纳保费高低，使得保险由被动赔付向主动健康管理转变。再如，京东金融推出卡路里银行，用户可通过运动打卡，累计卡路里消耗，并在京东获得更高额度的理财收益与白条额度等相应的兑换福利，将体育运动与金融财富积累,紧密地融合在一起。

　　运动变现体育金融形式的出现,首先基于用户的需求。随着体育产业的发展及经济水平的提高,用户参与体育运动的诉求及能力与日俱增,却往往由于缺乏足够的动力无法持续运动。运动变现这一体育金融形式,一方面将运动与金融收益直接捆绑,将每日运动量与所获金融奖励直接挂钩,以短期直接反馈、正向持续激励的方式,使更多用户将体育运动与金融收益间画上等号。这种运动变现的方式不仅让用户在运动过程中享受到了更多的物质财富,更让体育运动变得可坚持、可变现、可消费、可激励,以点滴成金、通兑易用的全新体验,激励用户不断坚持运动。另一方面,运动变现通过打造多样化场景,增强体育运动的趣味性,吸引更多用户主动参与到体育运动过程中。例如,设立群组、社区,打造社交分享或赛事竞争场景,融入更多社交、娱乐的元素,激发运动参与者之间形成互相监督、彼此鼓励的关系,达到坚持运动的目的。

　　运动变现的形式可以大幅提升用户的活跃度、参与度,增加用户黏性,进而实现体育与金融产品、服务的双赢。用户是运动变现的出发点,也是落脚点。因此,运动变现格外强调对用户需求的深入挖掘、分析,而运动数据的价值也由此得以凸显。体育金融开始尝试将金融切入运动场景,把运动、人与金融三者紧密结合,将数据有效盘活,利用技术输出给运动场景。一方面,应用大数据、物联网等新技术,通过数据抓取对用户进行精确刻画。通过 APP、可穿戴设备等,全面追踪用户的计步、饮食、卡路里消耗、心率等数据,利用大数据的力量完整获取用户体征、运动状况、兴趣偏好,充分挖掘出每个用户的运动属性、信用属性、需求属性、消费属性、金融属性。另一方面,基于用户画像,提升用户消费转化率。基于对用户的充足了解,准确判断用户的消费能力及消费偏好,进行精准定价及定制化服务推荐,最终将用户的需求引导为实际的金融产品、服务消费行为。

　　这种新技术加持下的体育金融新尝试在更好满足用户需求的同时,也可实现体育与金融的双赢。其在引流及用户黏性提升方面发挥的效益是显而易见的,更将体育与金融紧密地结合为一个共同体。这种共同体关系的形成,不仅表现在使体育运动收获金融收益的先行层面,更蕴含在各类潜在因素中。以体育运动与保险的融合为例,运动变现的过程伴随数据的采集、处理、分析过程,而利用这些数据,借助大数据、人工智能等先进技术,可以对用户的运动习惯、健康状况进行整体把握,并激励、引导用户掌握正确的运动方法,保持良好的运动习惯,进而提升用户健康水平,降低疾病发生的几率,也降低投保人和保险公司双方的风险水平。

第四篇　愿景展望

　　智慧体育的未来是怎样的？有些曾经困扰传统体育发展的难题，依然困扰着智慧体育的发展，而新技术的应用与新模式的出现，难免会孕育新的问题。不难想象，智慧体育的发展之路必将任重而道远。但新理念、新目标、新趋势的出现，无疑为我们带来希望，体育产业规模不断扩大，体育服务供给趋于便利，体育越来越能够满足用户的多样化需求。可以看到，智慧的力量正在使体育越来越成为我们期望的样子，智慧体育，未来可期。

　　本篇从对智慧体育的"冷"思考出发，探求智慧体育面临的主要困境及可能突破路径，并对未来发展前景进行展望。面向未来，我们认为智慧体育将通过技术革新、保障完善、模式创新、生态建设等路径，突破现存的人才困境、参与困境、规则困境等多重困境，进一步打破时间与空间的界限，面向用户的需求，迈向泛体育大时代。

第13章 任重道远的发展之路

体育与人民健康紧密相连,兼具多元价值,其发展具有必然性。特别在政策、技术、消费等多重因素的推动下,体育已然踏上智慧化的转型升级之路。然而,我们仍应清醒地认识到转型发展不是一蹴而就的,当前的智慧体育仍需时间去历练,固然前景光明,过程依旧曲折,发展之路任重而道远。

13.1 智慧体育"冷"思考

智慧体育作为体育转型的伟大尝试,及未来体育的发展方向,近些年来广受热议。智慧体育在智慧化基础设施建设、智慧赛事、智慧体育教育、智慧全民健身方案落地等领域,以及体育模式升级、体系健全、结构趋优等方面均取得突出成效。但从整个体育发展的大格局来看,挑战依旧。我们需要看到当今智慧体育发展的激情与热潮,更应看到热潮背后蕴含的"冷"元素,及其可能造成的危机。通过"冷"思考,防患于未然,才能使智慧体育更加长久地"热"下去。

13.1.1 人才困境

人才是经济社会发展的第一要素,是产业发展的第一资源,是体育转型升级的重要创新驱动力。智慧体育建设离不开人才的支持,但当体育步入发展的快车道,无论人才的水平或是质量,均难以达到智慧体育发展的要求。

1. 人才缺口大

人才困境一方面体现在精通体育知识的专业性人才短缺,特别是智慧体育新兴领域的经营管理型人才及技术研究型人才短缺。恰如经营管理人才的缺失会导致体育设施重复建设、规划不合理等现象的发生,进而造成资源的流失与浪费。体育的发展伴随着对人才技能要求的提升,要求从业人员具备相应的专业知识与素质,即既需要懂体育规律的人(如优秀的运动员和专业的体育迷),又需要具备体育职业化管理素养的人。

此外,随着体育的发展,特别是智慧体育时代的来临,新技术于体育的应用日趋深入,体育旅游等体育新领域蓬勃发展,体育对人才的需求更趋于多样化。人才需求与现有人才水平之间的鸿沟日趋明显,智慧体育的每一个细节领域都需要拥有特殊技能的人才。

人才困境另一方面体现在具备较强综合能力的复合型人才的缺失。体育 BANK 创始人、体银商学院院长安福秀认为,体育产业真正缺少的是可以把公司从 0 带到 1 的复合型人才,具有全面综合素质,多种能力。

传统体育处于相对孤立发展的局面,使行业外人才较少接触体育产业,体育从业人员对体育外领域认知也几乎空白。而智慧体育显现出"体育+"跨业融合的局面,意味着智慧体育背景下的人才,不仅需要通晓体育专业知识,更需要关注全球化、政治事件、商业发展等方面议题,了解旅游、教育、金融等体育相关领域知识,具备经济、法律等多方面素质。简单来讲,"跨界"正在成为当今体育新式人才观的关键词。恰如 BIFACE 理论认为,新时期体育人才需要具备 BIFACE(Belief,信仰;Ideology,思想;Feelings,情怀;Academics,学理;Commonsense,常识;Enthusiasm,热忱)的基本品质。智慧体育人才既需要懂体育、懂运营,还要有精神和文化层面的内涵;既需熟悉体育知识,又要了解外领域发展,更通晓多主体、要素与体育的融合。

具体到我国,在市场力量快速进入、科技创新势不可挡、体育改革任务和发展任务交织磨合等多因素影响下,体育人才短板明显,并已逐渐成为制约智慧体育发展的重要限制性因素。2014 年国务院出台《关于加快发展体育产业促进体育消费的若干意见》,明确提出到 2020 年体育产业从业人员数量超过 600 万。而 2016 年中国体育产业实际从业人员数量仅为 440 万,即需保持在年均 30 万以上的增长值,才有可能达到 2020 年从业人员超 600 万的目标。从人才需求的类别上看,目前我国体育发展亟须寻求职业经理人、冰雪产业管理和经营人才、户外运动休闲管理和经营人才、体育与相关产业融合发展所需的人才、智慧体育软硬件开发与运营人才、体育综合体和体育特色小镇管理和经营人才、创新 IP 设计和运营人才等多方面体育人才。由此可见,中国体育产业对人才的渴求和人才储备所存在的巨大缺口。人才问题已成为当前智慧体育发展面临的最主要困境之一。

2. 人才培养难

人才困境问题的关键在于人才培养。当前,体育原从业人员往往具有从业经验,但理论水平及跨业融合能力不足,也缺乏对智慧体育发展动向的敏锐捕捉,需要进行培训;外领域人员具有丰富理论知识及商业嗅觉,但对体育特殊性认知不足,也需进行相关培训。而高校人才培养、社会力量培训和运动员转型是当下最为直接且有效的手段。

高校扮演着人才培养的重要角色,承载着培养智慧体育相关人才的基础性建设工程。高校培养存在的一大问题在于偏重理念教学,缺乏实践,培养人才虽多却未能完全满足市场的需求。而体育是一个实践型学科,学生需要更多地走出教室,在社会上学习和接触。社会力量作为承载体育专业性人才的高层次建设,对于"经验性"人才向"高精尖"人才的转变作用挖掘不足。而退役运动员的创业、就业转型更是被忽略的重要领域,亟须通过就业、创业的指导与培训,使其所具备的丰富体育运动经验转换为实际效益。

13.1.2 参与困境

参与困境是体育转型发展面临的又一困境,并突出表现在政府与用户两大主体上。参与的关键在于合规与适度,无论参与不足或是过度参与,均会对智慧体育的健康可持续发展造成不良影响。

1. 政府角色的缺位与越位

从政府角度看,智慧体育发展需要政府政策的引导与扶持,以及财政力量的支持。扶持政策的缺失会使产业在投资回报率尚不显著发展初期陷入启动困境。具体到我国,政府在以积极政策打破体育转型枷锁方面进行了诸多有益尝试,驱动智慧体育建设发展。但应注意的是,一方面,政府对体育竞赛举办权、经营权、电视转播权等无形资产的重视与开发,仍处于较低水平,其中存在较多政策空白地带。另一方面,政府投入相对匮乏,体育投入常年维持在年国家财政的 0.4% 左右,场馆建设等基础设施投入不足。再一方面,政策执行力有待提升,执行主体对政策的选择性、替换性执行问题,及各部门间政策执行缺乏协调等问题,依旧值得关注。

政府主动参与到体育发展中,承担起智慧体育指导者、建设者的责任固然重要,但在谨防缺位的同时,也应防止越位。随着智慧体育的发展,市场的主体地位日趋显著,政府的过度干预会导致体育偏离市场运作规律,陷入又一困境。对基础设施建设、赛事举办等体育活动的体制机制性安排,会淡化市场主体、社会团体参与体育的积极性,不能满足大众多样化、个性化体育需求,更不利于体育产业的发展。特别在智慧体育时代,政府是体育运动的重要参与主体,但并非唯一参与主体。事实上,智慧体育要素融合局面日趋突出,体育与教育、文化、科技、金融等多要素之间的联系日趋密切,参与主体也愈加趋于多样化。在这样的背景下,政府对体育资源的统摄能力及对智慧体育发展的干预能力都是有限的,更应明确"何可为,何不可为"。

2. 用户参与低迷

从用户的角度看,用户是体育运动的重要参与主体,其参与程度对体育的发展至关重要。在智慧体育时代,用户需求更是成为智慧体育建设发展的出发点与落脚点,用户主体地位愈加凸显。事实上,持续有效的用户参与,需要满足参与意愿、能力、技能储备、消费空间等多重要素条件,是一个复杂的活动。用户参与度的不足,恰是当今体育于全球范围内面临的较具普遍性的困境,而造成这一困境的成因并不唯一。

一方面,受社会观念影响,体育在公共服务体系中位格偏低。例如在我国,即使在智慧体育蓬勃发展的今天,对于体育从业人员仍在一定程度上存在着体格健硕、思维简单、文化素养低等刻板印象。刻板印象的存在会使用户在参与体育运动,特别是从事体育运动相关职业时,存在顾虑,影响用户体育参与热情。虽然在当今中国,这种刻板印象正在逐步改观,随着全民运动的呼声日渐高涨,即使是饱受刻板偏见影响的电子竞技等运动产业,也已创造百亿产值。但社会观念的转变不在一朝一夕,使体育真正发展成为一项受到广泛认可的全民性活动依旧任重而道远。

另一方面,受人口结构变化的影响,体育参与度急剧收缩。受平均寿命延长及低生育率因素影响,大多数发达国家及部分发展中国家陷入人口迅速老龄化的局面。老龄人口激增使传统篮球、足球等运动项目的适龄人口基数持续下降,加之用户体育运动偏好、需求发生变化,体育参与度总体收缩。例如,人口结构变化导致2010年加拿大15岁以上人群体育参与率相比1992年下降了45%。但值得关注的是,体育运动是一个面向全年龄向的活动,人口结构的变化在造成原有运动项目参与度收缩的同时,孕育新的市场潜能。只要聚焦用户需求,进行适时地调整,体育参与度必将再度回升。

再一方面,受供给不足影响,受众基数下降,体育参与度随之下降。这种供给不足或突出表现为消费能力的欠缺与高昂的体育运动成本不相适应,拉低体育参与意愿。例如在美国,球员及联盟报酬的提升直接导致赛事成本的提升,体育参与花费增加、热度下降,赛事空座率上涨,体育赞助份额随之下降,赛事氛围与质量也随之下降,参与热情愈加低迷,进而陷入恶性循环的局面。供给不足也表现在体育运动资源匮乏及不均衡分布上。这一现象在欠发达国家、地区尤为突出。体育运动基础设施等必要的支持性因素欠缺,导致体育运动难以有效开展,大众无法参与到体育运动中。运动员收入与体育运动中付出的高额时间、体力代价不相适应,则会导致运动员无法全身心投入训练、比赛中,参与度持续降低。再者,经济水平的提升与科学技术的发展,使用户体育运动需求发生转变。用户逐渐对门票观赛等传统参与方式丧失兴趣,开始希望体育运动过程更具趣味性,更强调浸入式体验与实时互动分享。体育产品与服务的供给,即使在智慧体育时代,依旧是一大难题。若不能及时转型升级,适应这一系列的需求变化,必然会导致用户参与热情的下降,陷入参与困境。

13.1.3　规则困境

"迅速"是当今智慧体育发展的关键词,但迅速的发展在创造繁荣景象的同时,也造成规则的滞后。缺乏规则的有效制约会导致体育持续发展乏力,甚至容易步入歧途。例如,中小学校园里的"毒跑道",以及国际国内赛场屡屡出现的"菜地草皮"。体育安全事件的集中爆发,便凸显了体育发展面临的规则困境。

1. 标准化制度欠缺

规则困境首先表现在规则制定层面,突出表现为标准化制度体系的欠缺。标准化是指通过体育标准的编制、发布和实施,构建体育最佳秩序的过程。传统体育标准规则制定本不完善,智慧体育的出现又增加了许多新的主体与要素,使体育面临的规则困境愈加严峻。标准化制度体系的确立,强调系统性,即构建职权明确、标准统一的完整系统;强调专业性,即与体育内涵及发展趋势相契合;强调协调性,即做到层次明确,程度适当,标准层次与内容相统一;强调开放性,即标准体系可根据实际需求,自我发展、自我完善,进行适时的调整。标准化程度是衡量体育发展程度的重要标志,是维护体育健康发展的重要保障,也是持续困扰体育的一大难题。直至今日,标准缺位仍是体育发展面临的一大困境。

具体到我国,我国体育标准化工作实行统一领导、分级管理和分工负责的管理体制。即由国家标准化管理委员会统一管理全国标准化工作,国务院有关行政主管部门和国务院授权的有关行业协会分工管理本部门、本行业的标准化工作。但目前,我国体育标准化工作仍面临标准少、标龄长、水平低等诸多问题,落后于智慧体育时代发展的需要。标准的缺位突出表现在标准系统性的不足,即每个版块都有标准,但不成体系,大多数标准局限于方法类标准,而具有普遍指导作用的基础类标准稀缺。另表现在标准质量不足,无论采标率或是计划完成率均落后于国际先进水平,特别在标龄上,现行体育行业领域国家标准平均标龄已超6年,无法与体育转型升级的步伐相一致,难以满足体育市场的需求。此外,还表现在对标准的认知不足,政府和大众对于实践标准化的益处均没有充分的认识,学界对标准的讨论也止步于宏观,进而造成标准适用性差,难以落地。

针对标准困境,我国已进行了一系列积极的路径探索。例如,2017年11月,国家体育总局印发《体育标准化管理办法》,国家体育总局办公厅也同期印发《体育标准制修订工作实施细则》,明确体育领域行业标准制定、修订实行年度立项制度。事实上,体育标准缺位的问题不只限于国内,它是一项国际性的难题。尤其在信息技术发展日新月异、体育转型升级迅速推进、智慧体育蓬勃发展的今天,标准的制定往往滞后于体育发展的速度。

多方主体诉求广泛、难以达成一致是造成体育标准化程度不足的重要原因之一。标准体系的制定是一项需政府、企业、用户、社会团体等多主体合力解决的工程。例如,运动数据标准的制定便需要大数据模型支撑,关系到全民体质变化和健康数据安全,也需要互联网企业的跨界合作。而智能手表设备则在需符合传统手表基本标准的基础上(其中GPS定位、通信、蓝牙、支付、计步、卡路里计算等功能)却又大大超出了传统手表的界限,需要电子设备标准部门、运动用品标准部门等多部门的合作。主导力量不足,相关研究机构与专业人员欠缺,加之交叉领域繁多等不利条件,跨领域、跨部门协同困难重重。

2. 体育腐败滋生

规则困境表现在规则落实层面,突出表现为体育腐败现象的滋生,这一问题在智慧体育时代也未能有效杜绝。合理、有效规则的制定固然重要,但使规则发挥效益的真正路径在于落实。

政府力量的过分介入,为权力寻租创造空间,加之监督的缺位,使体育成为滋生腐败的温床。违规审批、不透明选拔、服用违禁药物、假球、黑哨、赌博等违规现象横生,成为体育健康发展的重要威胁。甚至从基础设施建设、运动员选拔,到赛事审批、活动举办,再到赛事纠纷判定及奖金发放,体育运动开展的每一个过程,无不面临着腐败违规的风险。这些违规现象的发生会亵渎体育精神,更会降低用户对体育的信任力、支持力,不利于体育的长久稳定发展。因此,大力推动权力监督和体育改革,正本清源,让体育运动遵循职业化、市场化路径,实现本源的回归,便成为摆在体育发展面前的一大难题。

13.2 可能的突破路径

尽管体育的发展仍面临诸多困境,但总体发展趋势依旧乐观。智慧体育项目持续兴盛,新业态层出不穷。对智慧体育进行"冷"思考,目的是为了寻求可能的突破路径,进而推动体育更健康、持续的发展。

13.2.1 聚焦用户需求

智慧体育作为体育转型升级的成果是体育发展的必然,更是需求刺激的产物。随着体育的不断发展,其内在逻辑反而愈加清晰,用户在体育发展中的出发点与落脚点的地位愈加显著。深挖用户需求,回归体育本源,正在成为智慧体育发展的一大趋势,也正成为突破困境的可能路径。

1. 聚焦需求倒逼体育主动求变

聚焦于用户需求,为体育革新与发展提供最为切实、直接的指导依据。例如在赛事 IP 的推广方面,更迅速、更精准推广最有效的方式,还是在于立足用户本身、研究用户的行为、深挖用户的需求、制造用户感兴趣的传播点,进而使用户自觉、自愿地参与到传播推广活动中。而用户日趋多样化、复杂化的需求,会给予体育市场主体革新的压力与动力,倒逼其不断进行新业态、新模式探索。

这种探索一方面体现在发现需求,将需求转换为市场的过程。另一方面体现在通过供给侧结构性改革,丰富体育产品、服务供给,主动培育体育需求。简单来讲,就是开发已有市场或创造新市场。而无论是开发已有市场或是创造新市场,聚焦用户需求均会使体育更贴近实际、贴近用户。急用户之所急,想用户之所想,体育发展的困境便会更清晰地暴露出来,进而发现变革的依据与契机,推动体育主动求变,走出困境。

2. 聚焦需求推动制度搭建

聚焦需求主动求变于体育规则制度上,体现在通过体育规划的制定以明确发展方向,实施优惠政策扶持智慧体育前行,出台法律法规保障智慧体育发展,完善监督、管理体制及运行机制以维护智慧体育健康可持续等方面。更为具体的包括建立政府主导、市场参与、社会支持的体育人才培养机制,全民健身配套政策的出台等。例如,为使更多用户有能力参与到体育运动当中,北京市出台全民健身消费补助办法,拟通过发放"体育消费券"的方式,直接补助到个人。或是2017年全运会上,新增19个大项126个小项的群众比赛,为全民参与创造条件。而在规则体系的建设与完善方面,引导支持与监管约束相结合是一项重要的原则。既要支持体育发展提速,又要保证其发展可控,而支持与控制的依据均源于更全面、更优质、更持续的满足用户的需求。

完善制度架构的搭建及落实不在一朝一夕,而是一个复杂、系统、持续的过程,这一过程离不开政府的努力,更离不开各体育主体的支持。特别在体育市场化及政府职能转变后,更需要行业协会等多主体尽快承担起提供行业公共产品、规范市场主体行为的职责。另外在规则的落实方面,更是需要各企业主体乃至每一位参与用户树立规则意识,共同推动智慧体育良性发展。

3. 聚焦需求促进制度落地

聚焦需求主动求变体现在具体行为上,包括加强体育基础设施建设、培育新的体育增长点、丰富体育产品与服务等多个方面。具体行为的变化强调挖掘体育的社会价值,即使体育更好地为大众服务,追求极佳的用户体验,培养可靠的用户忠实度,满足用户健康、娱乐、休闲等多方面需求。政府开始通过修缮、建设体育运动场馆等方式,加码体育基础设施建设,为大众运动的开展提供场地。数以万计的体育公司尝试通过创造更符合时下潮流的新运动、新产品、新服务,打造更符合用户需求的体育品牌,丰富体育运动资源。这些产品与服务均对传统体育形态进行了不同程度的改进,或更科学、更专业,或更具趣味性、互动性,或融合体育外资源、元素,均是推动体育更符合用户需求的积极尝试。这一系列跨行业、跨领域大刀阔斧的尝试,在带来挑战的同时,更创造了突破的机遇,每一点尝试虽然看似微不足道,集合起来却可能形成突破困境的巨大力量。

秉承立足用户需求所进行的一系列模式探索及服务创新，彻底改变传统体育以产品为中心的运作方式，通过开发更多样的运动渠道、更灵活的运动方式、更优质的运动氛围，使用户可以随时随地参与到体育运动中，将智慧体育打造为一种全新的生活方式。例如，随着中产阶级的成长，越来越多的人希望投入更多的时间亲近自然、放松身心，便有效刺激体育旅游的兴起。而随着以健身运动维持健康身体状态需求的日趋普遍，体育与医疗渐趋融合，体育产品及服务业也开始在提供更科学的运动指导方面下功夫。

13.2.2 发挥技术力量

技术进步是驱动体育变革的重要影响因素，也是推动体育突破困境的重要力量。智慧体育本身便是新技术对体育渗透的成果，这种渗透在智慧体育时代已逐渐成为一种常态。大数据、物联网、虚拟现实、人工智能等信息技术，加速推进体育在内容、形式、方式、手段等方面的创新，并为体育困境突破提供技术支持及可能的方案选择。

作为孕育智慧体育的重要元素之一，技术与体育之间的联系异常密切，毕竟如若没有技术的支持，智慧体育也难以被称为"智慧"。现如今，我们正在迎来一个泛智能化时代，芯片、通信、材料、传感甚至生物技术将不断进步，万物智能互联互通。技术与产业的融合日益密切，技术成果转化的周期变短，技术实际应用不断深入，技术创新逐步步入常态化。具体到体育行业，技术在应用需求的推动下完成创新和迭代升级，并被再度应用于体育升级与发展中，形成体育与产业之间的双向互动关系。而每一次的创新发展都意味着对传统的继承与突破，意味着对发展困境突破路径的探索。

1. 技术辅助科学决策

技术进步的突出成果之一在于实现辅助人脑做出科学决策。通过物联网、云计算和大数据等技术的融合，可以将用户、用户运动行为、体育产品、体育服务等结构化或非结构化的场景赋予数字化的内涵。通过对数据信息的组织、排序、过滤、检索，从大量噪声信息中快速找到准确且有价值的信息，将碎片化体育信息进行整合及模拟，即实现集数据采集、数据处理、数据分析、数据应用四大过程为一体的完整闭环，实现数据的价值化呈现，进而与专家经验相结合，辅助体育决策的制定。

将新技术运用于辅助决策，对决策制定的科学性及决策与用户需求的契合程度，无疑都是有益的。较为微观的，科学决策可以为用户提供科学的运动方案选择，并为体育规则的落地提供支持。例如,传统赛事中,裁判的主观因素可在较大程度上影响赛事的走向,裁判个人具有较大的违规操作空间,对于争议判罚的讨论从未终止。而视频助理裁判(VAR)的出现,在提升赛事公平、公正性方面持续发力,无疑是突破体育规则困境的一大积极尝试。VAR技术被应用于改变比赛走势的"明显错漏判",包括可能发生的犯规行为、点球、红牌及处罚对象错误等。通过对赛事全程录制及视频回放,确保裁判在每个人都能立即看到的地方不犯错误,以最小限度地打断比赛、最大限度地获得收益。比利时鲁汶大学研究数据显示,VAR技术的介入使裁判判决的准确率从93%上升至近99%,较好地抑制裁判违规风险。而在较为宏观的方面,更可使政府更恰当地参与到体育建设及发展中,更合理而充分地发挥效力,这对于突破体育参与困境、规则困境等方面,及从政府层面对困境突破提供指导意见,均颇具成效。

2. 技术激发用户参与

技术进步对于突破体育用户参与度不足困境的成效显著。一方面,新技术可以延伸体育增值服务,在需求端实现"比你懂你""随处随想""所见即得"的体验升级,使体育本身更具魅力,从而激发用户主动参与体育运动的热情。例如,在场馆的建设运营方面,为提升观赛用户的忠诚度,运营者在提升观赛体验方面进行探索,将新技术应用于售票、安保、通信、现场展示的每一个环节当中。SecuTix公司开发对点的票务销售系统,创建个人专属转售平台,试图突破体育赛事购票难的困境。Le Tigre开发门票芯片,用户只需以芯片接触闸机读卡器,或以存有票务信息的手机靠近闸机,便可自行入场,从而改善入场排队问题,提升检票效率。又如,在运动器械生产、设计方面,运动器械厂家将数据采集、处理、分析的一整套技术应用于运动器械中,使用户充分了解自己的运动状况,并进行科学的调整;应用VR、人工智能技术,将游戏等多元素融入体育运动,使运动的过程更具趣味性。

另一方面,新技术可以有效拓展参与渠道,提升用户参与的便利性、有效性。较为突出的体现是在原有线下参与的基础上,拓展出赛事直播等线上参与渠道。例如,2016—2017赛季的欧冠决赛便采选了VR直播方式,允许用户在YouTube等平台上,线上360°全方位观赛,带来身临其境的观赛感受。而摄像跟踪等先进技术应用与赛事直播、录播,具备比肉眼更强大、精准的跟踪、记录能力,捕捉运动员运动的每一个瞬间,并对精彩瞬间进行全视角呈现及存储回放,带给线上用户极佳的运动体验。线上渠道的开拓可以有效打破用户参与体育运动的时间、空间界限,随时随地参与到体育运动当中。2017年暑期,拥有英超版权的新英体育推出体育付费会员体系,会员开售首日,付费用户数单日增长破十万人。由此可见,线上渠道的开拓为突破用户参与困境释放了积极信号。

13.2.3 牢筑体育生态

智慧体育本身是一个集合多主体、要素及相互关系的高度开放、彼此影响、可持续发展的完整生态,其中诸多困境的出现源于生态建设不够完善,包括各要素不能良好融合、各主体不能彼此协同、生态环境不健全或环境污染等。因此,牢筑体育生态无疑是突破体育困境的有效路径之一。

1. 生态建设推动多主体协同

牢筑体育生态体现在多主体协同合作上。体育发展不能依靠政府"独轮驱动",而需要政府、市场、社会大众等多主体力量的支持。政府力量具备在短时间内集中强化体育发展的优势条件,但也具备其短板和弱项。特别在市场经济时代,更强调让市场主体自主决策、自主运营,使市场机制有效发挥作用。多主体参与强调在现有体系与能力持续发挥作用的同时,积极发挥市场等主体在资源配置中的作用,发挥各自优势,实现多方携手、合作共赢。作为体育发展之路的同行者,市场、用户等主体地位日益明确:政府向体育发展引导者、标准制定者、监督执行者的角色转变;企业秉承公平竞争、诚信自律的原则,积极推动体育产品服务创新,为体育发展注入活力;公众不断提升体育认知水平与消费理念,积极参与体育运动,表达自身诉求。角色地位的明确使各主体职责权利划分清晰,既不越位也不缺位,共同推动体育持续、稳定发展。

多主体的参与使各方主体的统筹协调成为必然,以求通过高度的分工与精细化合作,形成细腻的关联关系,进而形成稳定的利益联合体。利益联合体的建立,需要做到以下三点:一是尊重利益相关者;二是鼓励合作伙伴,服务合作伙伴;三是让更多主体参与到体育运动当中。利益共同体的建立强调的是共享精神,其突出表现之一在于体育平台化,即将各主体集合于同一平台,实现透明化、无障碍的信息共享与交流沟通。利益联合体的出现,使主体与主体之间形成网状的价值关联,不同体育产业链上的主体形成资源共享、优势互补的关系,有效避免不同部门、不同主体间信息不对称、沟通不畅、责任推诿等局面的发生,及由此可能造成的多重困境。

2. 生态建设实现多元素融合

牢筑体育生态还体现在多元素融合上。体育本身便具有多元价值,与政治、经济、文化、社会等多体系密切相连。而智慧体育的建设与发展,更是关系到经济结构调整与产业升级,关系到综合国力的提升,以及人与自然的和谐发展。

多元素的融合是智慧体育的重要特征之一,更可以为启迪体育产生更多突破思路,发展维度更多样,可利用资源空间更广阔,对于人才吸纳、服务创新、参与扩容等多方面均是有益的。例如,将体育融入社区,可以将个性化的运动游乐方式融入公众生活空间,让无处不在的运动因子与公众生活紧密相连,实现全民参与锻炼,共享快乐健康。将体育与商业体验相融合,可以创造体育综合体的全新形态,形成以运动为轴心,兼具体育运动功能与独一无二的功能型商业休闲体验。将体育与教育相融合,形成体育教育这一全新业态,既利于体育人才培养,又推动体育真正走向校园,提升体育运动影响力、感召力。

第14章 智慧体育，未来可期

动一动鼠标便可以预约教练与场馆，看一看手表便可以知道自己的运动状态。足不出户也可以身临其境体验运动的精彩，运动小白也可以收获最简明又最专业的运动方案。这些宛若科幻电影般的场景正在逐渐变为现实。智慧体育孕育了一系列新理念、新目标、新趋势，前景可待，未来可期。

14.1 新理念：无界体育

智慧体育强调以技术赋能体育、革新体育，新技术使体育用户、行为、产品、服务逐渐以结构化或非结构化数据的形式呈现，数据价值得以凸显。由此，体育逐步形成以技术为驱动、以数据为基础、以服务用户为目标的全新形态。在此形态下，体育逐步打破时间与空间的界限，嵌入生产生活的每个场景当中，实现体育资源的无障碍流动及产品服务的随时随地供给，成为真正意义上的"无界体育"。

14.1.1 体育全场景化

全场景化首先体现在打破物理时空的界限，连接线下与线上，实现体育从实际运动到虚实结合的转变。这种全场景化的模式脱离了从线上到线下或从线下到线上的单向传导，形成以用户为中心的双向互动关系，实现用户、场景、体育产品服务的完美融合。

1. 跨越时空界限

全场景化强调跨越时间与空间的界限，实现线上与线下的融合，进而实现随时随地的运动体验，也因此呈现出突出的移动化特征。手机等移动设备被应用于体育领域，用户的赛事内容获取渠道逐渐转移到移动平台。特别是随着VR、移动直播、精准视频搜索等新技术的不断发展，体育俨然已进入移动互联时代。

移动互联网的兴起以及手机等移动设备对传统观赛模式造成冲击，使越来越多的用户开始选择借助移动设备收看体育赛事直播、重播及集锦。移动新闻客户端和直播平台等正凭借更丰富的体育资源储备，及更便捷的传播优势，逐步取代电视直播和PC门户，成为用户观赛的首选渠道。Bloomberg Intelligence调查数据显示，2016年里约奥运会期间，NBC黄金档收视率下滑17%，而同期NBC网站和APP流量却上升24%，特别是18~49岁年龄层用户，更是成为向移动端转移的主力人群。另据企鹅智酷统计数据显示，超过80%的中国用户使用手机、iPad等移动设备观看2018年俄罗斯世界杯，这一比例远超46.1%的电视观赛用户，及28.3%的PC端观赛用户，"随身世界杯"已成为本届世界杯的一大特色。

体育移动化除体现在移动观赛外，更体现在移动APP的开发与应用层面上。移动APP可以使用户通过线上渠道实现体育场馆、教练、票务预订，以及体育资讯获取、体育社交、体育用品购买等多种服务。移动APP除为体育产品、服务供给提供一系列线上渠道外，更将用户与线下产品、服务相连接。这种线上与线下的融合，或通过部分中介设备的链接实现。如通过与智能自行车、智能手表等智能硬件相绑定，形成硬件产品、移动平台、用户三者的有机结合。即通过智能硬件线下收集用户运动信息，将数据处理、汇总至APP平台，形成运动状态、兴趣爱好、健康状况等大数据，进而经过大数据分析为用户提供从健身运动到健康医疗的全方位配套建议及增值服务。

而部分线上与线下的融合则更为直接，乃至无须依靠中介设备的帮助。例如，线上的票务预订与线下观赛，线上场馆预订与线下的运动落地，本身便是不可分割的一个整体。再比如，许多线下的运动互动源于线上渠道的邀约，志同道合的运动爱好者借助网络的力量于线上相识，开展一系列线下的运动聚会。

2. 体育无处不在

移动互联使体育现实世界与虚拟世界交错融合，进而将体育运动渗透到日常生活的每一个场景当中。高速发展的经济使人们每天在办公室、公园、商场、家庭等繁多的场景间不停切换，而发达的网络系统及日趋普遍的跨业融合创新，将不同的场景串联在一起，使体育真正实现无处不在。

智慧体育区别于传统体育的一个个孤立产品与服务，走出以往固定的线上线下模式,强调融合与渗透。办公园区中,完善的现代商务空间运动体验配套,可以帮助用户在工作之余借助运动放松身心、舒缓压力。体育公园实现城市绿地与体育活动用地的整合,良好协调绿地之静与运动之动,使用户达到赏景与健身的统一。体育综合体将商业元素与体育相融合,使用户同时感受运动与购物的魅力。体育小镇、体育旅游、体育金融等无不体现了体育与多种外元素的融合,使体育运动突破主体、领域界限,潜移默化地融入所有人的生活,进而真正发展成为一种习惯。

14.1.2 体育全球化

除全场景化外,无界还突出表现为体育打破国家和地域的界限,突破地理环境与人文壁垒,使不同国家、民族的体育运动相互竞争、彼此融合,呈现出全球化的特征。全球化最早是一个经济概念,是指以市场经济为基础,以先进科技和生产力为手段,以发达国家为主导,以最大利润和经济效益为目标,通过分工、贸易、投资、跨国公司和要素流动等,实现各国市场分工与协作、相互融合的过程。而体育作为人类的共同语言,也正伴随着经济全球化的进程,推动自身的"无界"变革。

1. 体育资源的全球流动

体育资源的全球流动包括体育人才的全球流动、体育资本的全球流动、相关技术的全球流动等。具体表现为外籍球员、教练员数量不断壮大,大型赛事全球赞助更为普遍,先进运动方法、技术的全球传播等。

以人才为例,体育全球化为体育人才的跨境交流提供便利,体育运动员、教练员、裁判、体育管理者、经营者、科研人员等在全球范围内的流动已逐渐成为一种常态。其中,"归化球员"成为最具代表性的现象之一。归化球员是指在出生国籍以外自愿、主动取得其他国家国籍的球员。2018年俄罗斯世界杯的32支参赛队伍中,有22支球队派出共82名非本国出生的球员,其中不乏明星球员,像出生于巴西的俄罗斯队员马里奥、出生于法国的阿根廷队员伊瓜因、出生于喀麦隆的法国队员乌姆蒂蒂等。至于我国,所谓"海外兵团"也越来越多地受到公众的认可。2016年里约奥运会上,44名中国出生的乒乓球运动员中,有38名代表别国参与比赛。而随着全球化程度的不断加深,这种体育人才的流动所面临的障碍更小,人数也会更为庞大。

同时,体育运动、产品、服务的影响力不再局限于特定区域,而是辐射全球。放眼全球,跨境移民的出现实现了原住地与迁徙地体育运动项目及文化的融合。如大量墨西哥裔移民至美国,使墨西哥甲级联赛成为美国 Univision 最受欢迎的联赛之一,受欢迎度甚至高出英超 19%。而两百万南亚地区移民的到来,也将板球运动引入美国,使当地诞生了百余支板球联盟参赛队伍,ESPN 相关赛事收视率也节节攀升。加拿大移民更是使冰球在英国的普及率不断攀升,如今英国诺丁汉黑豹队的一场冰球比赛可吸引 5000 余名观众到场观赛,而这一规模还在不断壮大。

除移民带来的国与国之间体育运动、文化的融合之外,新技术所带来的信息普及与实时共享,更是将体育的影响力覆盖全球。奥运会、亚运动会、锦标赛、世界杯等大型赛事的覆盖范围及影响力不断壮大,新媒体、移动通信使这些赛事的实况信息传遍世界每个角落,商业、社交等元素的介入更是使赛事成为一个热点话题,不同国家、民族、肤色的人们都主动或被动地卷入其中。与此同时,丰富多彩的体育产品也跨越国家的界限,借助网络的平台走向世界。

2. 日趋普遍的全球竞合

谈到体育全球化,便不得不提到奥运会,奥运会是体育全球化的一个缩影,具有鲜明的"无界"特征。奥林匹克运动会是世界上影响力最大的体育盛会,自创立以来便具有超越国家、种族、民族的意义。例如,2016 年里约奥运会共有 207 个国家万余名运动员参赛,更有数十亿用户通过电视、移动端等多渠道观赛,是一场名副其实的国际盛会。奥运会包含发源于各国的 28 个大项 306 个小项的体育项目,甚至高尔夫等小众项目也包含其中,并通过奥运的平台在全球范围内得到推广传播。奥运会使不同国度、不同信仰的运动员站在同一平台上,进行公平、公开、公正的体育竞技;同时,奥运会遵循统一的比赛规则,以"更高、更快、更强"的运动精神,将全球体育爱好者甚至普通公众紧密联合在一起,发挥体育跨越国界的魅力。

此外,体育全球化还突出表现在日趋密切的全球竞争与全球合作上。全球化使诸多运动联盟、体育用品制造商、体育服务公司等体育组织,开始走出本国市场,在国际上寻求进入新市场、发展新用户的机会,以获取更多资源、追求更高利润。日趋激烈的跨国竞争使大多数国家的市场环境及民族产品都不同程度地受到外来者的挑战。这种竞争具有普遍性,即使是像美国这样拥有全球最大体育产业和最强大体育组织的国家,也不能避免英超、西甲、德甲、意甲等海外体育联盟对美国市场的入侵。

但在全球化竞争日趋普遍的同时,多形式、多层次的全球化合作也逐渐成为一种常态。奥运会、亚运会、英联邦运动会、阿拉伯运动会等大型体育赛事,均需要多个国家的合作举办。为应对身体素质下降、参与度下降、体育腐败等较具普遍性的全球问题,诞生了一系列超越国家之上的联盟。联盟的存在使制定统一的技术动作、运动成绩、违规行为、参赛资格等标准成为可能,进而最大限度地保障体育运动的公平、公正性。同时,针对各国体育发展面临的普遍问题进行探讨,开拓思路,找到积极有效的解决方案。

14.2 新目标:幸福体育

智慧体育在新技术的作用下,跨越时间与空间的限制,形成一系列新内涵、新方法、新模式,但归根到底还是为了更好地满足用户的需求。相比传统体育,智慧体育更强调实现体育价值的最大化,探索如何使体育更高质量地服务于更广泛的人群。而使用户在体育运动中收获幸福,也正在成为新时期体育发展的一大目标。

14.2.1 让体育回归大众

随着经济水平的提升及体育产业的发展,如今的体育早已不是职业运动员的专属游戏,而是一项重视全民参与的群众性运动。让体育回归大众,正在成为新时期体育运动发展的一大目标。而随着新媒体、移动通信技术等新技术的发展,越来越多的用户可以第一时间了解最新的体育动向,加之政府政策的支持、消费娱乐等多元素渗透、"体育+"跨业融合的普遍化以及赛事热点的独特引流作用,体育离大众的距离越来越近。让更多的人了解体育、爱好体育、参与到体育运动中、享受体育带来的幸福,已并非一个遥不可及的梦想。让体育回归大众,并非空中楼阁,诚为触手可及。

1. 运动参与全民化

如今的体育运动,已渗透至每一个校园、每一个街道、每一个社区,跑步、跳绳、健身操甚至广场舞……我们身边的体育运动形式层出不穷。这些体育运动往往简便易学、成本较低,受众面广,不受年龄、性别、身份地位等因素影响,便于在大众中间推广和传播,进而形成全民健身、全民参与的热潮。

而除了直接的体育运动参与外,全民参与还表现在民众对体育赛事关注度的提升。大型赛事已逐步演变为全民欢聚的盛会,其参与者不仅包括专业体育迷,更包括普通体育爱好者,甚至体育小白。以 2018 年俄罗斯世界杯为例,15.5% 的世界杯关注者为专业球迷，他们有自己支持的球队、球星，关注战术技巧，对足球有自己独到的分析。还有27.1%的泛球迷，他们爱好足球，对足球具有一定的了解。更有57.4%的足球小白，他们对足球并没有特别多的了解，不懂球，但不影响分享足球的快乐。从世界杯的观赛人群分析可以看出，大型赛事在吸引运动爱好者参与的同时，更吸纳了大批普通大众，感受运动的快乐与氛围，共享体育运动所创造的幸福。

2016年里约奥运会埃及对战德国的沙滩女排的比赛被称为"比基尼"与"长袍"的对决，充分体现了现代体育运动不论宗教信仰、不分种族、不分性别、平等开放的精神。事实上，女性地位的上升是体育回归大众的一大步。当前，女性在参与体育运动、观看赛事、享受体育产品与服务中，已扮演了越来越重要的角色。古代奥运会一直禁止女性参加，违者甚至可能会被判以死刑。而随着社会的进步，女性逐渐从奥运会的禁入者到观看者，并最终真正参与其中。

除奥运会外，女性体育参与的深入化更体现在体育运动参与比例提升、女性赛事数量增加，以及体育消费持续扩张等方面。如2014—2016年，中国用户搜索女性体育消费类用品关键词数量复合增长超过3倍，女性体育消费需求潜力巨大。女子运动员、职业联赛、国家队蓬勃发展，吸引诸多媒体及用户的关注。2012—2013年，女性参与英式橄榄球和出席澳大利亚橄榄球联盟赛事的比例增加20%。另据Canadian Heritage 2013年统计数据显示，加拿大约有16.7%的女性会定期参加体育运动。Cricket Australia 2014年统计数据显示，2013—2014年参与板球运动的澳洲女性比例激增至39%。如今，女性已越来越多地以与男性一样平等的身份广泛参与到体育运动当中。

2. 小众体育大众化

体育回归大众，除表现在更多的用户更为平等而普遍的参与到体育运动中，更体现在原本受地理环境、设备成本等因素制约下局限于部分区域或人群的小众体育运动项目，开始越来越多地走入大众视野。

小众体育之所以小众，并非运动体验差，而往往源于信息不透明、消费门槛高等。随着收入水平的提升及体育市场需求的多样化，用户对足球、篮球、羽毛球等热门体育运动的热情被逐渐稀释，骑行、冰雪、赛车、极限运动等小众体育运动的关注度反而获得大幅提升。例如，我国对橄榄球感兴趣的用户已从2010年的160万人增长到2015年的1900万人，增幅超过十倍。观看"超级碗"美国职业橄榄球大联盟赛的中国用户，更是从 2010 年的 190 万人激增至 2015 年的 1200 万人。而像马拉松、骑行等一类参与门槛较低的小众项目,发展则更为迅速。截至 2016 年底,我国共有近百个城市设置了公共自行车站点,绿道累计铺设超过两万公里,另建立逾 3000 家自行车俱乐部,平均每年举办 3000 余场骑行主题活动和赛事,累计参与人数近亿人,真正实现了小众体育运动的大众参与。而在即将到来的 2020 年东京奥运会上,滑板、冲浪、攀岩、棒垒球、空手道五大小众项目,更是走上奥运的舞台。由此可见,小众运动走向大众,面向更多用户,为更多人带来愉悦与幸福,已经成为大势所趋。

14.2.2 解码体育新生代

在体育走向大众的同时,我们应当看到,消费新时代的用户也正在发生着变革,体育用户正在迎来"新生代"。体育新生代一方面强调高质量的体育运动参与,侧重于定制化、专业化的深度参与方式;另一方面,强调"兴趣"导向,更重视通过泛娱乐化的方式在体育运动中收获快乐。要实现体育真正创造幸福,不仅在于广度的拓展,即使体育服务于更多用户;更在于深度的提升,即使体育运动更精准契合用户的需求,特别是契合日益成长壮大为主流消费及服务群体的体育新生代用户的需求。

1. 高质量的运动参与

体育新生代强调高质量的运动参与,强调更优质的运动体验及更出色的运动效益。运动细分、用户数据收集、定制化服务成为智慧体育的一大发展方向。规模化、批量化的体育运动产品与服务显然已无法满足强调个性化与差异化体育新生代的需求,定制化时代已然来临。

仅仅一项简单的跑步便衍生出基础跑、成熟跑、发烧跑等不同的形式,适用于不同运动周期、不同健康状况、不同年龄阶段的用户。专业化的运动设备开始普及,原本只服务于专业运动员的可穿戴设备、数据记录设备等如今已走进普通用户的生活。量身定制的球鞋、全碳素框架球拍、可吸汗防滑的手胶……舒适与专业逐渐成为用户选择体育装备的标准。加之大数据、人工智能等新技术的发展,以技术的力量记录用户日常运动状态、提供专业化的运动建议已经成为一种潮流。运动手表、运动球拍等高科技设备对用户运动时跑动距离、加速度、血压、心率等数据的收集已经并非难题。而智慧体育发展的趋势在于如何将这些采集数据进行处理、整合及深度加工,最终形成可辅助决策的有效信息,为用户提供多维度的运动状态及健康数据分析,进而在运动方式、运动强度,乃至实现最佳的运动状态及运动效益等方面,提供专业化、定制化的建议。

高质量的运动参与还体现在使用户更好地参与到体育赛事过程中。一方面,利用社交媒体、VR直播等技术,拉近用户与赛事项目之间的距离,并建立一种实时的联系。2018年,伴随着通信技术的发展以及5G时代的逼近,体育运动内容的移动化与视频化趋势愈加明显。移动资讯类APP、社交类APP等凭借丰富的运动信息资源、强大的分享互动功能,成为体育新生代了解体育资讯的首选渠道。同时,VR直播等全新的体育参与形式迅速崛起,VR直播赋予用户沉浸式的参与感及身临其境的观赛体验。据高盛估计,2020年VR直播用户将达到2800万人,2025年达到9500万人。将先进的VR技术应用于赛事直播领域,正在成为一种潮流。

另一方面,挖掘更为多样的体育参与模式,加强用户与体育运动之间的互动性。例如,利用社交平台进行讨论与分享,让用户成为俱乐部合作伙伴等,通过平等开放的沟通模式及群策群力的共建模式,使用户在参与运动的过程中获得归属感。或利用自媒体平台进行专题创作,表达自身观点。如2018年俄罗斯世界杯期间,自媒体创作便十分活跃,相关话题内容浏览量达到97亿+,体现出新生代用户蓬勃的体育参与热情。

2. 使体育变"好玩"

除强调高质量的运动参与,体育新生代更强调"兴趣"导向。高速发展的信息技术及快节奏的生活,使体育新生代参与运动的方式也趋于碎片化。规律的分段运动方式受到推崇,并有68.8%的用户难以将全部精力投入到整场比赛中,图文、直录播、短视频逐渐成为用户关注赛事的三大主要途径。碎片化的体育参与方式使用户关注点不再局限于体育本身,而更容易集中于部分社交性、娱乐性因素,"好玩"成为俘获体育新生代的重要一环。相比专业的技术讨论,用户更乐于创造并消费从赛事、运动员衍生出的一系列体育"梗",以更为灵活的方式、更为轻松愉快的状态,表现对体育运动的参与与关注。例如,2018年俄罗斯世界杯期间,"冠军魔咒""内马尔滚""冰岛门将是导演"等话题,在中国网民间广受热议,推动世界杯日均热度达85万+,成为那一时间段内最受舆论关注的事件。

以"热点"链接大众,将明星、竞猜、电竞等更多元素融入体育运动当中,会使体育运动的内涵更为丰富,同时使更广大的泛体育用户群体参与到体育运动中,符合体育新生代于运动中共享欢乐的诉求。例如,2018年俄罗斯世界杯期间,麦当劳与腾讯联手推出《脑洞竞猜·麦礼狂欢》互动 H5,以漫画展示形式配合脑洞竞猜题目,打造低门槛、高娱乐的全民狂欢式足球竞猜体验,实现 20 亿曝光量及超过 220 万的参与人数。腾讯体育还开启了"全民星战"活动,结合赛事内容、时事热点,融合当下流行元素,借助大直播、点播、图文、社区互动等多个渠道和互动形式,以嘉年华的形式打造全民参与、全民狂欢的足球体验。热点打造可以有效提升用户的参与感、互动感,满足体育新生代的需求。

14.3　新趋势:多元体育

随着智慧体育的不断发展,体育的外延不断扩张,内涵不断丰富,"体育＋"现象日趋普遍,体育正在向着多元化趋势不断发展。如今的体育早已不再局限于体育本身,而更多表现为"通过体育去发展":通过体育去发展政治,展示制度自信,彰显大国责任;通过体育去发展经济,培养新经济新动能新业态,助推供给侧改革;通过体育去发展社会,增加国民幸福感,培育合格公民。如今的我们,正在迎来一个泛体育大时代。

14.3.1　超越体育本身

智慧体育的发展使体育在原有多元价值的基础上,不断挖掘、提取、拓展、深化。体育开始与健康、民族身份文化结构、团队荣誉等概念紧密结合,甚至完全融为一体。体育承担的责任与呈现的价值愈加趋于多元,甚至其所具有的政治意义、经济价值、文化符号等价值内涵开始逐步超越体育本身的意义。

1. 体育是社会凝聚剂

长久以来,体育运动一直承担着促进社会凝聚和整合的媒介作用。而智慧体育背景下,体育提升民众幸福感的潜能被不断挖掘,其"社会凝聚剂"的作用得以更充分彰显,成为各国政府提升社会凝聚力、激发社会责任感的重要方式。例如,1994 年南非总统曼德拉就利用"跳羚"国家橄榄球队的影响,使整个国家从分裂走向团结。而大型体育赛事的举办更可以将民众的注意力集中到一点,从中获得归属感、自豪感。

2014 年,巴西世界杯的举办突出体现出体育作为社会凝聚剂的作用。在世界杯举办期间,巴西实际面临多民族主义、贪污腐败等多重困境,但世界杯的举办使巴西瞬间成为世界的中心,恢宏的场馆、优秀的足球运动员、顶尖的体育表演、精彩的赛事,这一切要素的结合足以赋予整个巴西社会以强大感染力的构想,对国家形象以具象化感知,进而增强民族凝聚力与自豪感。尽管这种被称为 Brazilianity myth 的现象因其情绪化与虚幻性被诸多社会学家所诟病,但不能否认其表现出的体育在增强社会凝聚力方面的"奇效"。

体育运动在增强社会凝聚力方面的效用,部分源于其所具有的弱关系与强联系的社交属性。体育是一种陌生人的社交,其不基于血缘、亲缘、利益等强关系,但具有很强的黏性,也因此成为城市社群构建的基本要素,成为激发社会责任、凝聚社会力量的重要手段。例如,韩国商业团体经营职业体育团队,便主要源于发展公共关系、激发社会责任的动机。

随着智慧体育的不断发展,通过不同层面的体育组织挖掘体育社交的潜能与价值,已经成为各国的共识。仅我国北京市,截至 2017 年底,便有街道、乡镇、社区全民健身团队七千余个,体育运动跑团、俱乐部、沙龙、聚会、线上 APP、朋友圈、微信群等更是不计其数。

2. 体育是外交先行官

无论马拉松的诞生或是奥林匹克的起源,回望体育的历史,无不与战争与和平紧密结合在一起。运动员被称为"微笑的大使""穿运动衣的外交家"。体育具有公共外交属性,在国际交流中发挥着独特的作用。

体育作为塑造民族形象、获得国际声望的有效方式,常被作为重要的外交政策,以求利用开展体育运动,特别是举办大型赛事,展现国家文化及良好形象,提升国际地位,进而在外交活动中占据主动权。例如 2020 年东京奥运会以"发现明天"为主题,试图塑造一种从海啸灾难中加速自愈、充满创新能力的积极向上的国家形象。事实上,随着信息技术的发展,体育已逐渐成为在国际舞台上向世界进行自我展示的一张名片,作为外交的先行官,发挥着越来越重要的作用。

同时,体育凭借其所具有的包容性、灵活性,开始活跃在国际交往的舞台上,成为打破国家藩篱的重要途径。2018 年平昌奥运会,作为东道主的韩国和朝鲜代表团携手入场,将体育成为朝韩关系融合的平台,被国际奥委会主席巴赫誉为"奥运会给奥林匹克运动和整个世界带来的历史性时刻"。如今,"乒乓外交"、不同区域间友好"足球外交"等体育外交形式日趋频繁,体育合作更是成为不同区域间友好合作的重要切入点。

3. 体育是创新实践者

智慧体育使体育迈入新兴产业行列,成为创新的实践者。而随着技术迭代速度、成果转化速度的不断提升,以及全球交流合作的日益密切,这种创新实践正在逐步演变为更具广泛性、开放性、持续性的常态化活动。

体育运动正逐渐成为物联网、大数据、VR、人工智能等一系列新技术的实验田。新技术的出现与融合发展,为体育发展开辟新市场,创造新动能。小到智能手环、智能跑鞋等各类智能硬件,大到赛事转播中用到的全景直播技术、视频 3D 技术等创新技术。以色列 Hype 创业基金更是建立了世界上第一个关注体育领域突破性创新技术的大规模平台,以加强赛事观众、广播员和运动员等体育参与主体的运动体验,推动体育领域技术进步深入化、常态化。而在我国,在"双创"的大背景下,体育领域的智慧与创造力被充分点燃,体育生活与科技创新结合也正创造无限可能。

智慧体育的发展更是使"体育＋"跨业融合创新成为一种常态。体育参与者开始尝试通过体育产业资源与价值功能的重新整合,设计开发出一系列新产品、新服务,甚至发展形成新的业态体系。这使多产业间的交流与合作,体育的自我优化、转型升级趋于常态,"创新"逐渐成为体育发展的关键词。

4. 体育是经济提振器

"在绿茵场上滚动的不是足球,而是黄金",智慧体育使体育与经济的联系日益紧密。体育营销日趋普遍化,深入挖掘运动 IP 价值,积极推进跨业融合,开拓出媒体版权、商业赞助、门票与衍生品销售等多样化收入来源。而体育运动对经济的提振效应、聚合效应、辐射效应等正向效应,更是受到越来越多的关注,甚至开始出现"体育扶贫"工程。

越来越多的国家希望借助大型赛事的举办、体育基础设施建设等手段,从体育领域入手,提振国民经济。例如,奥运会等大型赛事的举办,可以通过赛前与赛后的基础设施建设,拉动巨额投资,呈现出显著的投资乘数效应,是对经济贡献的最直接手段。并且,体育运动带动建筑业、旅游业、会展业等相关产业发展,如会造成游客数量的井喷式增长,并对当地住宿、零售等消费市场形成刺激。同时,体育运动的发展还会增加建筑业、环保业、旅游业、信息服务业等行业领域就业岗位,对社会就业产生提振效应。

此外，体育对经济的提振还体现在精神层面，例如巴西通过2016年里约奥运会创造一个样板，以证明"当优秀人士共同工作时，会产生怎样的可能"，进而为经济复苏开一个好头。

总之，随着智慧体育的不断发展，体育正在不断超越其本身，在多元领域爆发出巨大的力量。正如联合国前秘书长科菲·安南所说，每个国家的人都热爱体育运动，其公平竞争、团队合作、追究卓越的价值观具有普遍性。对于饱受战争或是贫困摧残的人民，特别是儿童而言，体育可以是一种强大的正能量。可以借助国际体育运动年及体育教育，提醒各国政府、国际组织、社会团体，应借鉴体育促进人权、发展与和平的承诺。

14.3.2 泛体育大时代

技术革新、需求膨胀、消费升级，智慧体育正在挥别"纯体育化"和"专注模式"，迈入更强调跨业与融合的"泛体育大时代"。

所谓泛体育，即体育外延逐步扩大形成的多领域共生关系。简单来说，便是体育运动无处不在、无时不有，充分渗入每个人的生活当中。从晨练老人到广场舞大妈，从都市白领马拉松热到在年轻人间流传的滑板文化，以及近年来空前火爆的徒步、路跑、骑行等项目的兴起，越来越多的人日趋频繁地参与到体育运动当中。并且，这种参与往往有别于纯运动参与，而融合科技、旅游、健康等领域，与商业、娱乐等多元素交互、覆盖。例如，美国2017年约有18%的人在体育赛事中参与音乐活动，而参加与体育赛事有关音乐活动的比例也高达16%，两者互有交集。

泛体育时代使许多原本与体育无关的概念开始与体育联系在一起，进而使体育拥有更广阔的发展空间和更丰富的产业形态。外领域产品借助体育热点，增强品牌与体育内容的捆绑，实现更多潜在消费者的转化。例如，2018年俄罗斯世界杯期间，可口可乐推出"有你才'队'"世界杯主题活动，激发用户单击广告参与投票，为自己喜爱的球队"站队"，并支持一键跳转至电商平台的购买页面，缩短的路径助力可口可乐高效完成转化闭环。再如，阿里体育尝试打造"88全民健身节"，通过开启"运动账户"，以构建记录运动数据、领取相应的"卡币"、兑换相应商品的循环，将体育与商业紧密联系在一起，将体育商品的消费者与体育运动的爱好者打通为同一类人。这一尝试，成功吸引超过100多个省市8000余万人次参与其中。

泛体育时代，不断拓展的多元业态及纷繁复杂的产品服务不禁使我们对体育的未来充满期待。面向未来的体育开始变得越来越不像体育,我们已经很难想象未来体育的边界或呈现形态,智慧体育似乎有无限可能。但纵使模式千变万化,体育本身所具有的核心地位仍未改变,无论跨业融合,还是元素渗透,新业态、新模式的出现,还是基于对体育资源的把握(例如,百威凭借 FIFA 全球赞助商身份,拥有世界杯每场赛事"本场最佳球员"颁奖仪式相关视频、图集等独家稀缺资源,以此为基础,冠以"百威今日最燃"的主题,进行世界杯赛事资讯的推送),还是基于对体育精神的融合(例如,蒙牛在 2018 年俄罗斯世界杯期间,将"天生要强"的理念打造成一句流行语,引发海内外球迷和消费者的共鸣)。无论"泛体育"还是"纯体育",智慧体育归根到底还是不能脱离体育的内核。

参考文献

[1] 杭州市发展和改革委员会.杭州市城市数据大脑规划[Z].2018-04.
[2] 国家体育总局.体育产业发展"十三五"规划[Z].2016.
[3] 江苏省人民政府.省政府关于加快发展体育产业：促进体育消费的实施意见[Z].2015-06.
[4] 企鹅智酷.2018世界杯白皮书[R].2018.
[5] 天行健.绍兴市体育大数据平台建设工程方案[R].2018.
[6] 国泰君安.小众体育运动深度研究：中产阶级强势崛起,体育消费加速升级[R].2017.
[7] 际华园.重庆·际华园体育温泉小镇规划设计方案[R].2017.
[8] 东吴证券.体育金融行业深度报告 体育金融站上风口[R].2016.
[9] 川财证券.体育产业深度报告：风口上的体育,双维度判断投资机会[R].2016.
[10] 中国中投证券.体育产业深度报告：政策、资本紧敲锣,真正崛起看需求[R].2016.
[11] 普华永道.体育行业调查报告：来自全球体育界领导者的洞悉[R].2016.
[12] 海通证券.传媒行业海外专题研究系列Ⅱ——他山之石,对标海外体育巨头[R].2016.
[13] 郑芳,杨升平.体育产业经济学[M].北京：高等教育出版社,2017.
[14] 陈岩.中国体育产业结构优化及其市场化运营研究[M].北京：中国水利水电出版社,2017.
[15] 张建辉,黄海燕,约翰·诺瑞德.国际体育产业发展报告[M].北京：社会科学文献出版社,2017.
[16] 易建东,郑志强,詹新寰,等.中国体育产业政策研究：总览与观点[M].北京：社会科学文献出版社,2016.
[17] 新华辞书社.新华字典(普通本)[M].10版.北京：商务印书馆,2004.
[18] 钟天朗.体育经营管理[M].上海：复旦大学出版社,2004.
[19] 刘华.我国网络体育平台传播现状研究[D].太原：中北大学,2018.
[20] 张榕林."互联网＋"背景下"智慧场馆"的路径选择[D].北京：首都体育学院,2017.
[21] 杨锋.大型体育服务综合体理论研究与运营案例分析[D].杭州：杭州师范大学,2017.
[22] 赵康杰.浙江城市体育公园发展案例研究[D].温州：温州大学,2016.
[23] 陈小芳."互联网＋"时代背景下体育培训市场转型研究[D].成都：成都体育学院,2014.
[24] 吕红星.从俄罗斯世界杯看"体育＋旅游"新业态[N].中国经济时报,2018-07-18.
[25] 卞志良.推动智慧体育发展[N].中国经济时报,2013-03-08.

[26] 孙高峰,刘燕.热追捧与冷思考:"马拉松现象"对城市文化的影响及理性审视[J].北京体育大学学报,2018,41(04).
[27] 黄涛.基于物联网的智能体育场馆系统及其发展趋势研究[J].体育世界,2018(05).
[28] 赵海."互联网+"时代体育教学的新探索[J].语言艺术与体育研究,2018(04).
[29] 王振亚,薛壮."互联网+"在高校体育发展中的作用与趋势[J].体育世界,2018(04).
[30] 宋宇虹.我国体育小镇的概念、内涵与类型研究[J].哈尔滨体育学院学报,2018(03).
[31] 吴宾,姚蕾,周龙.多元一体:"互联网+"时代体育慕课的价值取向[J].体育文化导刊.2018(03).
[32] 李陆军."互联网+教育"背景下高校公共体育教育模式构建.[J].体育教育,2018(01).
[33] 李晓霞.全民健身视角下马拉松"热"现象之价值透析[J].广州体育学院学报,2017,37(06).
[34] 刘宇峰."互联网+"背景下的体育产业生态解析与建构[J].南京体育学院学报(社会科学版),2017,31(03).
[35] 陈翔.基于"互联网+"的无锡"智慧体育"产业发展调查研究[J].体育科技文献通报,2017,25(12).
[36] 刘昉,苏晓云.智慧体育在体育产业中的开发与应用——以南京市为例[J].体育科技文献通报,2017,25(02).
[37] 陈锦,邱楷,张媛媛."互联网+"背景下智慧体育平台建设方案[J].南京体育学院学报(自然科学版),2017,16(03).
[38] 陈淑奇.体育生态化发展的含义阐释与实现路径探析[J].体育文化导刊,2017(09).
[39] 张潇潇."互联网+"视域下的"体育小镇"构建研究[J].南京体育学院学报,2017(08).
[40] 柴仲学."互联网+"时代我国体育场馆服务转型升级的发展路径研究[J].南京体育学院学报,2017(04).
[41] 陶成武.全媒体时代体育赛事节目营销策略探析[J].广州体育学院学报,2017(3).
[42] 李恒.互联网重构体育产业及其未来趋势[J].上海体育学院学报,2016,40(06).
[43] 夏元庆.融合与创新:"互联网+"背景下的体育产业生态趋势[J].南京体育学院学报(社会科学版),2016,30(3).
[44] 韩松.基于移动互联网构建我国智慧体育的思考[J].体育科学研究,2016,20(03).
[45] 谢雨航,李显良,陈志辉.智慧体育总体架构及关键技术研究[J].当代体育科技,2016,6(25).
[46] 蔡朋龙,王家宏,等.城市体育服务综合体的内涵、功能定位与长效机制[J].南京体育学院学报,2016(12).
[47] 郭建军.健康中国建设中体育与医疗对接的研究与建议[J].慢性病学杂志,2016(10).
[48] 余子义,朱红军.国内外健身步道发展现状比较研究[J].体育文化导刊,2016(04).
[49] 赵军辉,唐炎.全民健身的现实问题与发展建议——从广场舞纠纷谈起[J].体育学刊,2015,22(01).
[50] 杨强.体育与相关产业融合发展的路径机制与重构模式研究[J].体育科学,2015(07).
[51] 李卫星,孙威.欧洲滑雪体育旅游的起源、现状和发展趋势研究[J].北京体育大学学报,2013,36(01).

[52] 苗向军,罗旭.提高中国体育行业标准化意识与水平的思考[J].山东体育学院学报,2013,29(03).

[53] 王琳.解析体育信息化发展的必然趋势——智慧体育[J].电子测试,2013(19).

[54] 蔡维敏.我国智慧体育及其发展对策研究[J].运动,2013(17).

[55] 顾兴全.基于资源观点(RBV)的体育旅游开发研究[J].北京体育大学学报,2011,34(03).

[56] 唐云松.冰雪体育旅游产业的本土特色与国际化成长[J].体育科研,2011,32(06).

[57] 叶强,魏宁.智慧体育——体育信息化必然趋势[J].南京体育学院学报(自然科学版),2011,10(05).

[58] 杨利勇.论体育生态系统的特征[J].山东体育科技,2008,30(04).

[59] 林显鹏,刘云发.国外社区体育中心的建设与经营管理研究——兼论我国体育场馆建设与发展思路[J].体育科学,2005,25(12).

[60] 中国体育报.智慧健身房·健身更加灵活自由[EB/OL].https：//mp.weixin.qq.com/s?__biz=MzA5OTA2ODYzMg==&mid=2672637107&idx=5&sn=f846a758e370dfef8462fe53c5eb5dab&chksm,2018-08-11.

[61] 丹尼尔.全球最酷的健身运动Plogging,不仅能拯救地球,还成了情侣约会新标配[EB/OL].https：//mp.weixin.qq.com/s?__biz=MzA3MDM1MzkxMA==&mid=2653070000&idx=1&sn=fb826e95d3808d4f5ae2b213afdab34c&chksm,2018-08-09.

[62] 体育BANK.距离下一届世界杯还有1579天,你准备好了吗？[EB/OL].https：//mp.weixin.qq.com/s?__biz=MjM5NTU2NzAxNQ==&mid=2651106723&idx=1&sn=3e44eaeeffddb90e3e2914e07120bcbf&chksm,2018-07-26.

[63] 赢商网.全国门店布局近500家 乐刻运动"赋能"商业地产的三大看点[EB/OL].http：//news.winshang.com/html/064/1148.html,2018-06-25.

[64] 搜狐.世界杯引发旅游业狂欢,赛事旅游怎么玩?[EB/OL].http：//www.sohu.com/a/234455300_100014970,2018-06-07.

[65] 体育BANK.都在说体育专业人才短缺,这个问题该怎么破?[EB/OL].http：//wemedia.ifeng.com/58435101/wemedia.shtml,2018-04-27.

[66] 中時电子报.你今天Plogging了吗?[EB/OL].http：//www.chinatimes.com/cn/newspapers/20180422000362-260209,2018-04-22.

[67] 搜狐.生态体育说：体育金融将是2018年体育产业热点[EB/OL].http：//www.sohu.com/a/215028827_505583,2018-01-06.

[68] 搜狐体育.预见2018：全球体育科技5大发展趋势[EB/OL].http：//www.sohu.com/a/214726026_99942229,2018-01-04.

[69] 体育大生意.预见2018：全球体育科技5大发展趋势[EB/OL].http：//mini.eastday.com/mobile/180103220507322.html,2018-01-03.

[70] 新华网.体育让生活更美好,让城市更精彩[EB/OL].http：//www.xinhuanet.com/city/2018-01/02/c_129780471.htm,2018-01-02.

[71] 搜狐.禹唐体育2017体育产业年度盘点[EB/OL].http：//www.sohu.com/a/214184494_

115533,2018-01-02.

[72] 搜狐.大型体育赛事在城市发展中的作用[EB/OL].http：//www.sohu.com/a/207627300_505619,2017-11-30.

[73] 搜狐.读懂体育"新生代"行为特征和性格标签 解码体育产业潮流化趋势[EB/OL].http：//www.sohu.com/a/204121344_482792,2017-11-13.

[74] 搜狐网.智慧体育高峰论坛无锡开讲[EB/OL].http：//www.sohu.com/a/193458914_525948,2017-09-21.

[75] 财新 LIFE.走两步也能节约保费？众安"步步保"两年用户数破千万[EB/OL].http：//www.healthpoint.cn/article_detail/59337,2017-09-06.

[76] 搜狐体育.大数据在国内外体育产业中的价值及发展前景[EB/OL].https：//www.sohu.com/a/164343587_99916289,2017-08-13.

[77] 人民网.球迷旅游——以足球的语言拥抱世界[EB/OL].http：//travel.people.com.cn/n1/2017/0705/c41570-29383550.html,2017-07-05.

[78] 搜狐.冰雪体育小镇：谁将成为中国的沙木尼？[EB/OL].http：//www.sohu.com/a/146565622_483560,2017-06-06.

[79] 环球网.如何解决体育产业的人才困境？中美专家这么说[EB/OL].http：//sports.huanqiu.com/gdsports/2017-03/10399590.html,2017-03-29.

[80] 华奥星空.体医结合能给我们带来什么？[EB/OL].http：//mass.sports.cn/qmjs/xwjj/2017/0306/200089.html,2017-03-06.

[81] 搜狐.体育产业迎来全球化，四大现象背后蕴藏巨大商机[EB/OL].http：//www.sohu.com/a/122745863_115533,2016-12-27.

[82] 搜狐.体育金融刮起新旋风,运动变现将成新趋势？[EB/OL].http：//www.sohu.com/a/115076570_115503,2016-09-26.

[83] 体育 BANK.中国体育用品标准化调查[EB/OL].https：//mp.weixin.qq.com/s?__biz=MjM5NTU2NzAxNQ==&mid=2651094594&idx=2&sn=8305d76a3c4aec5c98c44adb593cae5a&mpshare,2016-09-24.

[84] 人民网.谭景峰：体育的多元功能与价值[EB/OL].http：//theory.people.com.cn/n1/2016/0711/c49154-28542805.html,2016-07-11.

[85] 思客.如何突破我国当前体育产业的困局？[EB/OL].http：//sike.news.cn/statics/sike/posts/2016/07/219501545.html,2016-07-01.

[86] 体育中国.2015："互联网+"颠覆体育生态圈[EB/OL].http：//sports.china.com.cn/chanye/detail1_2016_01/15/479134.html,2016-01-15.